8 Yth 9426

Bruxelles
1855

Schiller, Frederich von

Jeanne d'Arc

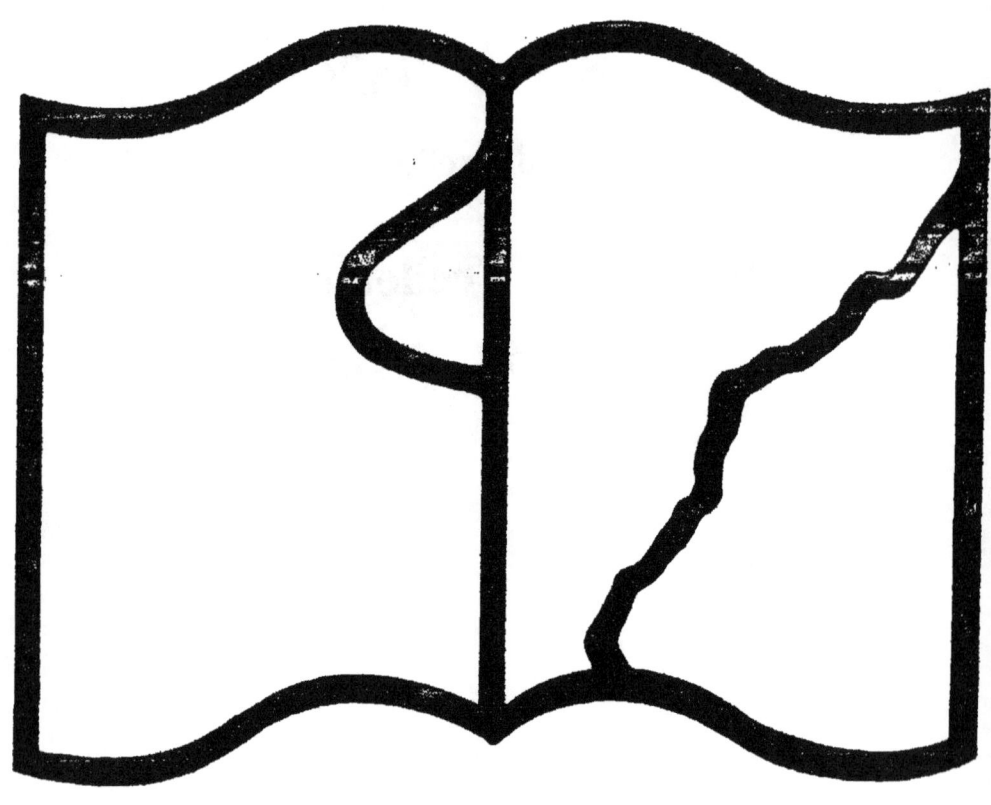

**Symbole applicable
pour tout, ou partie
des documents microfilmés**

Texte détérioré — reliure défectueuse

NF Z 43-120-11

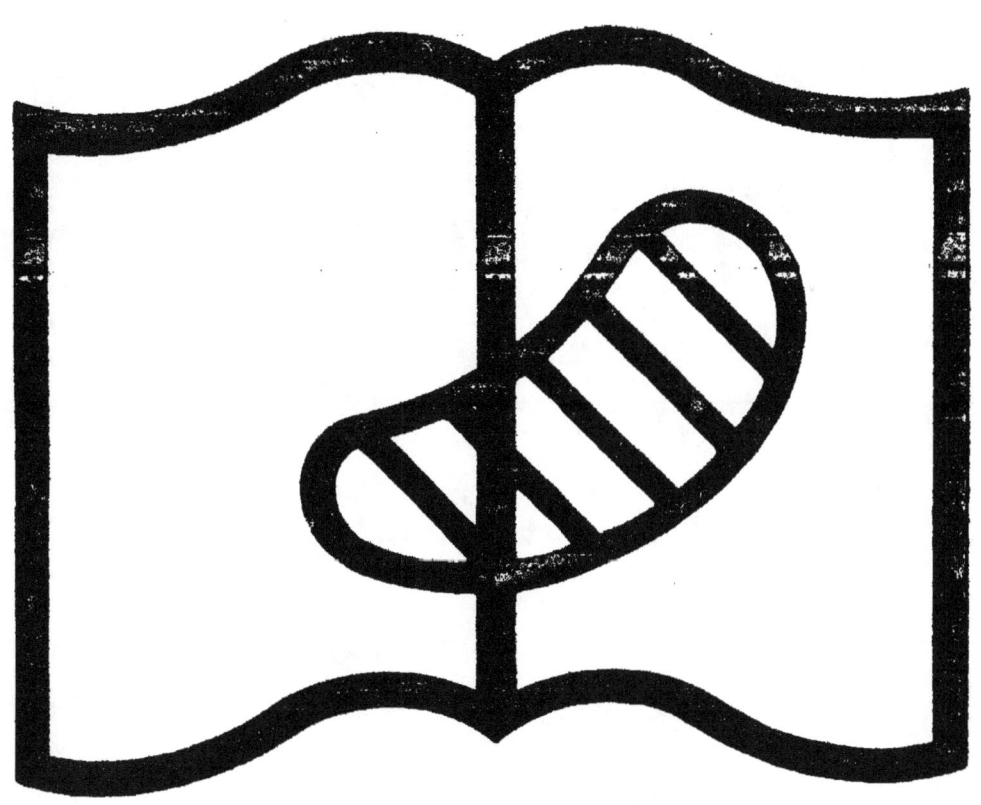

Symbole applicable
pour tout, ou partie
des documents microfilmés

Original illisible

NF Z 43-120-10

JEANNE D'ARC

DRAME EN CINQ ACTES

EN VERS

Par Charles DUNAND

INSTITUTEUR

Auteur de plusieurs ouvrages littéraires

PRIX : 1 FR. 25

SE VEND AU PROFIT DE LA POLOGNE

MDCCCLXIV

JEANNE D'ARC

JEANNE D'ARC

DRAME EN CINQ ACTES

EN VERS

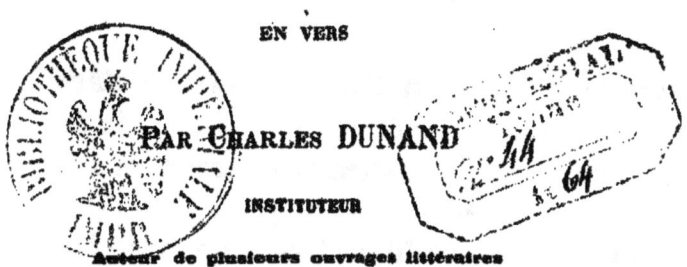

Par Charles DUNAND

INSTITUTEUR

Auteur de plusieurs ouvrages littéraires

PRIX : 1 FR. 25

SE VEND AU PROFIT DE LA POLOGNE

MDCCCLXIV

INTRODUCTION

Tout le monde connaît l'histoire de Jeanne d'Arc dite « la Pucelle d'Orléans. » Sa gloire, loin de s'affaiblir, semble au contraire s'accroître en s'avançant dans les âges; c'est ce qui explique l'avidité avec laquelle on lit tout ce qui a rapport à cette fille extraordinaire.

Maîtres de la France, les Anglais n'avaient plus, pour achever l'œuvre de leur conquête, qu'à s'emparer des pays au delà de la Loire, restés fidèles à Charles VII. A peine âgé de vingt ans, ce prince, gouverné par ses ministres et trop adonné à ses plaisirs, était incapable de lutter contre l'armée anglaise que commandait le duc de Bedford.

C'en était donc fait d'Orléans, de la France entière; le sort de l'Europe et du monde allait peut-être changer, si la Providence n'eût élevé dans l'ombre un de ces êtres étonnants par leur génie, merveilleux par leur destinée, qu'elle choisit de temps en temps pour être l'instrument de ces révolutions inattendues qui confondent l'orgueil des vainqueurs de la terre, trompent les calculs de la sagesse humaine et ramènent la pensée des peuples et des rois au pied du seul trône inébranlable et du seul pouvoir éternel.

Plus de quatre siècles se sont écoulés depuis que cette jeune bergère, quittant sa chaumière et ses occupations champêtres, se plaça tout à coup à la tête des armées, releva le courage de nos guerriers et replaça son roi sur le trône.

Oui, tout le monde sait par cœur l'histoire de la villageoise de Domremy, de l'héroïne de Vaucouleurs, âgée de 17 ans, ne connaissant que son troupeau, sa houlette et son *Pater*.

Jeanne d'Arc fut un modèle de bravoure dans les combats, de sagesse dans les conseils, de sévérité dans les mœurs ; toujours inébranlable dans ses résolutions, marchant d'un pas ferme à son but, et voyant avancer une mort cruelle sans se troubler, sans regretter les hautes destinées qu'elle pouvait légitimement se promettre, et à laquelle, enfin, on ne trouve pas une faute à reprocher.

Après avoir fait sacrer son roi à Reims, ainsi qu'elle le lui avait promis, Jeanne voulait retourner chez ses parents, pour y continuer son premier métier, assurant que sa mission était finie. Mais le roi voulut qu'elle lui continuât ses bons services et qu'elle achevât l'œuvre qu'elle avait si bien commencée sous les murs d'Orléans. Elle ne voulut pas contrarier la volonté du roi ; elle accepta par obéissance.

Dévouée à de nouveaux périls, la jeune guerrière se jeta dans Compiègne qu'assiégaient les Anglais et les Bourguignons. Dans une sortie, elle tomba sur le quartier de ceux-ci, et couvrant la retraite des siens à la suite d'un combat opiniâtre, elle fut serrée contre le fossé, démontée et forcée de se rendre à un capitaine bourguignon qui la céda au comte de Luxembourg, son général ; celui-ci la vendit aux Anglais, moyennant la somme de dix mille livres pour lui, et une pension de trois cents livres pour le capteur.

Mais en vendant Jeanne d'Arc, Luxembourg n'avait donné aux Anglais d'autre droit sur sa prisonnière que le droit ordinaire de la guerre, tout au plus celui de lui faire subir une longue captivité. Cette peine, même une mort obscure, ne pouvait pas suffire à la haine, à la vengeance de ses ennemis ; il leur fallait la diffamation de la victime de leur dissentiment.

Cauchon, évêque de Beauvais, fut un des principaux personnages de cette tragédie : il la fit condamner par le tribunal ecclésiastique à une prison perpétuelle, au pain de la douleur et à l'eau des angoisses. Les Anglais n'avaient garde d'en être contents, parce que le tribunal n'ayant pas, par sa sentence, abandonné l'accusée au bras séculier, ils la voyaient avec dépit et regret soustraite à la mort ignominieuse et cruelle qu'ils voulaient lui faire subir. Ils s'emportèrent contre les juges, en leur reprochant d'avoir mal gagné leur argent.

Cauchon trouva un remède à cette omission. La sentence ecclésiastique portait que la jeune fille ne reprendrait plus ses habits d'homme ; elle le promit et s'y engagea par serment. Eh bien ! ses gardes obéissant aux ordres barbares du cruel évêque, lui enlevèrent pendant la nuit ses vêtements de femme, et mirent à leur place ceux de l'autre sexe qu'elle ne devait plus porter.

En se réveillant, Jeanne d'Arc s'aperçut qu'on l'avait trahie pendant son sommeil. Aussitôt, elle supplia ses gardiens de lui rendre ses robes, leur disant que, s'ils s'y refusaient, ils seraient cause de sa mort. Ses gardes, non-seulement ne voulurent pas les lui rendre, mais osèrent lui dire qu'ils ne les avaient pas.

Forcée de se lever, Jeanne se couvrit, bien malgré elle, des habits défendus. Ses gardiens, qui s'étaient cachés, entrèrent vivement dans sa chambre, la surprirent, et la déclarèrent parjure à son serment.

L'évêque, suivi des siens, arriva triomphant dans la prison. — Eh bien! Jeanne, lui dit-il, vous voilà encore revêtue de vos habits d'homme! Allons, je vois que vous tenez à vos illusions; mais vous saurez ce qu'il vous en coûtera pour avoir violé votre serment.

Après cette trahison indigne d'un évêque français, Cauchon la fit juger de nouveau.... Cette fois, le tribunal ecclésiastique la rejetant du sein de l'Église, la déclare hérétique et sorcière, puis l'abandonne aux Anglais qui la font brûler à Rouen comme apostate, magicienne, relapse et menteuse.

Quelques historiens disent qu'elle monta sur le bûcher avec fermeté, haranguant le peuple et accablant les Anglais de reproches; d'autres, au contraire, rapportent qu'elle y monta comme une victime innocente, sans emportements, sans bravades et sans injures.

Nous avons cru devoir lui conserver, à cette heure suprême, sa haine pour les Anglais et son caractère éminemment guerrier. Oui, nous lui avons conservé son ressentiment contre les oppresseurs de sa patrie, contre ses ennemis acharnés qui, loin d'honorer son courage et ses vertus, la font mourir innocemment par un supplice digne de leur cruauté, et malgré cela, Jeanne meurt en pardonnant sa mort à ses bourreaux.

Et maintenant, ami lecteur, vous allez nous demander pourquoi nous avons choisi un sujet historique déjà traité par une foule d'écrivains ; pourquoi venir dire un mot de la vie de Jeanne d'Arc, quand des auteurs distingués ont dit tout ce qu'on pouvait dire de cette fille vraiment inspirée ?

C'est que, n'écrivant que pour exercer notre imagination et charmer nos loisirs, nous avons senti dans notre cœur de vieux soldat que le nom de l'héroïne nous était sympathique, et, sans nous préoccuper de la manière dont les historiens ont fait le récit d'une vie si pure, si extraordinaire, nous avons, comme toujours, pris notre plume, et nous nous sommes livré au plaisir d'écrire.

Forcé de respecter l'histoire, nous avons traité Jean Cauchon, évêque de Beauvais, comme il le mérite, et d'ailleurs nous savons que dans toutes les professions, que dans toutes les classes de la société, il est des hommes qui s'avilissent et se dégradent ; nous en avons chaque jour des preuves sous les yeux. Mais nous ne voulons pas que les bons pâtissent pour les mauvais ; à chacun la responsabilité de ses œuvres.

Loin de nous la prétention de faire du neuf et d'offrir au public un ouvrage parfait !.. Cependant, disons-le sans emphase, nous n'avons qu'à nous féliciter de l'accueil favorable que nos lecteurs ont fait à plusieurs de nos ouvrages, en prose et en vers; puisse celui-ci être lu avec le même intérêt que ses aînés, et notre but sera atteint!

PERSONNAGES

Jeanne d'Arc, dite la Pucelle d'Orléans.
Dunois, général français.
Le duc de Bedford, chef de l'armée anglaise.
Le comte de Luxembourg, général français.
Le duc de Warwick, général anglais.
Le duc de Stafford, général anglais.
Jean Cauchon, évêque de Beauvais.
Isambard, juge ecclésiastique.
Talbot, général anglais.
Le Président du tribunal ecclésiastique.
Le Bailli de Rouen.
Juges du tribunal ecclésiastique.
Isabelle, mère de Jeanne d'Arc.
Gardiens de la prison de Jeanne.
Le Geôlier de la prison.
Soldats anglais.
Bourreaux.
Peuple.
Une femme du peuple.
Un chœur de jeunes filles.

La scène se passe à Rouen, en 1431.

PREMIER ACTE.

Le théâtre représente une chambre de la prison de Rouen. Un lit avec ses rideaux, au fond. Une table sur laquelle se trouve un encrier avec deux plumes. Deux chaises. Une porte au fond, une à droite et une à gauche de l'acteur.

SCÈNE PREMIÈRE.

JEANNE D'ARC

Agenouillée au pied de son lit prie avec recueillement et en silence. Elle est attachée par le milieu du corps avec une longue chaîne rivée au mur. Après quelques intants, elle se lève avec peine, puis descendant la scène tristement, elle dit :

Oui, le Dieu que je sers et qui connaît ma foi
Sait qu'au temple de Reims j'ai fait sacrer mon roi.
Hélas ! après le jour de la cérémonie,
Ma mission divine était enfin finie !...
Revoir mes chers parents, retourner auprès d'eux
Était, malgré Dunois, le plus cher de mes vœux ;
Le ciel m'y rappelait... Hâte-toi, jeune fille,
« De rentrer triomphante au sein de ta famille ! »
Ah ! c'était bien la voix de mon Dieu protecteur
Qui me parlait d'en haut et pénétrait mon cœur !
Mais ne pouvant prévoir ma triste destinée,
A rester près de lui le roi m'a condamnée.

J'y reste et je le sers avec la même ardeur.....
O Compiègne ! ô destin ! ô funeste malheur !
Dans ce dernier combat, la fortune ennemie
Favorable aux Anglais, tyrans de ma patrie,
Paralysant mes coups, arrêtant mes soldats,
M'arrache la victoire et désarme mon bras !
Enfin, je suis vaincue et sur l'heure arrêtée
Non loin de ces remparts où je m'étais jetée...

  Un sentiment d'indignation se peint dans ses yeux.
Luxembourg !... quelle honte ! un général français
Me fait sa prisonnière et me livre aux Anglais ;
Me vend au poids de l'or, et, fier de sa victoire,
Par cette trahison croit se couvrir de gloire !
Est-ce là le respect que l'on doit au malheur ?
Est-ce là me traiter en généreux vainqueur ?
Non, non !... Et toi, Cauchon, toi, dont le ministère
T'ordonne la clémence ainsi que la prière ;
Toi, ministre d'un Dieu que j'implore à genoux
Pour qu'il daigne apaiser et fléchir ton courroux,
Toi, qui devrais bénir et louer mon courage,
Tu me fais condamner sans pitié pour mon âge.
Tu veux, pour un motif contraire à la raison,
Que mes jours tout entiers s'écoulent en prison ;
Et tu me fais jurer, sur la foi de mon âme,
De ne plus revêtir que mes habits de femme !
Va, ton arrêt fatal, injuste et meurtrier
Est déjà révoqué par l'univers entier !...

      Pause d'un instant.
Moi, qui dans les combats, conduisais mon armée,
Dans cet affreux réduit je me vois enfermée !...
Je me vois prisonnière à l'âge de vingt ans

Après avoir chassé les Anglais d'Orléans !
Ah ! voilà donc le fruit de ma noble vaillance
Et de mon sang versé l'injuste récompense !...
Une prison à vie !... O déplorable sort !
J'y souffre des tourments plus cruels que la mort...
Chaque jour qui s'écoule est marqué par l'outrage :
Des gardes insolents, des soldats pleins de rage,
Sans honte, sans pitié, sans le moindre remords,
Déposent contre moi de mensongers rapports,
Et, foulant à leurs pieds les lois et la justice,
Par leur iniquité redoublent mon supplice.

Tombant à genoux.

Ah Seigneur ! tu me vois !... tu me vois en ces lieux
Gémissant sous le poids de ces fers odieux !
Oui, tu vois ces liens dont Cauchon m'a chargée.
N'est-ce pas une insulte à mon âme affligée ?
Non, l'on n'épargne rien pour m'abreuver de fiel !...
Mais mes pleurs, mes soupirs sont entendus du ciel ;
Dieu seul est mon soutien... Quoi ! le roi m'abandonne!

Se relevant promptement et avec fierté.

Lui qui doit à mes mains son sceptre et sa couronne,
Pour me tirer d'ici, ne ferait pas un pas !...
Calme-toi, pauvre Jeanne, et ne le blâme pas.
C'est ton roi, c'est ton prince, excuse sa faiblesse.
Des courtisans ingrats entourant sa jeunesse,
Jaloux de mes exploits, jaloux de ma valeur,
Sèment l'ingratitude et l'oubli dans son cœur...
Hélas ! pour se venger, les Anglais en furie,
N'aspirent qu'au moment de m'arracher la vie !...

Jeanne, un moment attendrie se tait, puis faisant le tour du théâtre, elle écoute aux portes... Tout à coup elle revient en scène toute tremblante de frayeur.

Qu'entends-je ! je frissonne ! un noir pressentiment
Me saisissant d'effroi redouble mon tourment.
Je vois de mes bourreaux l'œil hagard et farouche,
La haine dans le cœur et l'insulte à la bouche ;
Je les vois en ces lieux, le poignard à la main,
Prêts à m'assassiner sur un ordre inhumain !
Ah ! du cruel Stafford que n'ai-je pas à craindre !
Dans mon généreux sang son courroux doit s'éteindre!

La porte du fond s'ouvre. Luxembourg suivi de Warwick et de Stafford paraît. Jeanne jette sur eux un regard de mépris.

SCÈNE DEUXIÈME.

JEANNE D'ARC, LUXEMBOURG, WARWICK, STAFFORD.

LUXEMBOURG.

Je te viens visiter, Jeanne, et veux avec toi
Traiter de ta rançon et te rendre à ton roi.

JEANNE D'ARC.

Vous !

LUXEMBOURG.

Oui, moi, ton vainqueur...

JEANNE D'ARC.

Perfide ! en ma présence
Osez-vous vous montrer avec tant d'arrogance !
Vous, me rendre à mon roi ! vous, quand au poids de l'or
Me vendez lâchement à votre ami Bedfort,
A ce tigre altéré de sang et de carnage !...

LUXEMBOURG.

On ne gagne rien, Jeanne, avec un tel langage,
Mais seule, la douceur te fera respecter.

Je te parle en soldat, tu me dois écouter.
JEANNE D'ARC.
Parlez.
LUXEMBOURG.
Eh bien ! le sort te fit ma prisonnière,
Mais, respectant ton sexe et ta valeur guerrière,
Je crus, en te livrant, sans haine, sans courroux,
Te voir ici l'objet d'un châtiment plus doux.
Pouvais-je donc penser qu'un prince de l'Église
Voulût que Jeanne d'Arc en ses mains fût remise,
Et qu'au saint tribunal où règne l'équité,
Cauchon te fit juger avec sévérité ?
Non, à tant de rigueur je ne pouvais m'attendre !
Enfin, sur ta rançon nous allons nous entendre.
Je vais à l'instant même, après notre traité,
Te mettre, sans réserve, en pleine liberté.
JEANNE D'ARC.
Vous !... m'affranchir du sort où vous m'avez réduite !
Hélas ! je connais trop votre étrange conduite !
Vous n'avez pas le droit de m'élargir d'ici,
Et c'est contre vos vœux que vous parlez ainsi.
Pensez-vous m'abuser en feignant la tendresse?
Ces faux airs de pitié, votre belle promesse,
Ce trait d'humanité dont mon cœur est surpris,
Bien loin de me toucher, m'inspirent du mépris.
Allez, retirez-vous loin de votre victime,
Ne venez pas ici commettre un nouveau crime.
Aux Anglais, avec dédain.
Et vous, Anglais sans cœur, que venez-vous m'offrir?
Une cruelle mort !... Eh bien oui, sans pâlir,
Je subirai le coup de votre barbarie....

Que voulez-vous? Mon sang, ma misérable vie...
Quoi! vous tremblez de rage! Oui, vous, cruel Stafford,
Pour venger vos soldats vous méditez ma mort...

STAFFORD *tirant son épée.*

Exécrable démon!

JEANNE D'ARC.

Frappez, je vous pardonne.
Ma vie est peu de chose et je vous l'abandonne.
J'eusse aimé mieux la perdre au milieu d'un combat!

Stafford lui porte son épée contre le sein.

WARWICK *dégaînant la sienne et parant le coup.*

Malheureux! que fais-tu?... C'est un assassinat!
C'est une lâcheté!...

JEANNE D'ARC, *avec mépris.*

Non, non, c'est une gloire;
C'est le trait d'un Stafford bien digne de l'histoire.
Ne le retenez pas!... frappez, percez ce cœur!...
Ah! voilà des Anglais l'invincible valeur!
Et vous osez penser qu'après votre vengeance
Vous parviendrez un jour à régner sur la France.
Vous en serez chassés, chassés honteusement,
J'en atteste le ciel et j'en fais le serment.

STAFFORD.

Va, tu n'es à mes yeux, rebelle prisonnière,
Qu'un esprit infernal, qu'une infâme sorcière,
Qu'un monstre redoutable échappé des enfers.
Eh bien, souffre, gémis sous le poids de tes fers.
Je sais ce qui t'attend!...

Il sort en la menaçant. Warwick le suit, ainsi que Luxembourg.

SCÈNE TROISIÈME.

JEANNE D'ARC *seule*.

                Ce lâche, ce perfide,
M'aurait, de son épée, en sa rage homicide,
Abattue à ses pieds !... Dieu, qui vois mes malheurs,
Viens, du plus haut des cieux, soulager mes douleurs!
Viens, descends; donne-moi la force et le courage
De pouvoir supporter et l'injure et l'outrage.
Hélas! après avoir, au mépris du danger,
Affranchi mon pays du joug de l'étranger ;
Après avoir marché de victoire en victoire,
Et relevé d'un Prince et le trône et la gloire,
Je me vois en ces lieux en proie au désespoir,
En proie à tous les maux que je ne pus prévoir !...
Chers parents! votre fille est à jamais perdue !...
Non, jamais votre enfant ne vous sera rendue,
Tout est fini pour moi !... Quand j'étais près de vous,
Je goûtais un bonheur et si pur et si doux !
J'avais le cœur content... Les fleurs de nos prairies
Charmaient, par leurs parfums, mes douces rêveries.
Là, sous le ciel natal, gravissant nos coteaux,
J'aimais à m'occuper du soin de mes troupeaux.
Je priais, je chantais, et, sans inquiétude,
Je coulais d'heureux jours dans cette solitude.
J'aimais mieux nos vallons que les faveurs d'un roi...
Que le séjour des champs avait d'attrait pour moi !
C'est le séjour heureux de l'aimable innocence ;
Le séjour de la paix et de l'indépendance....
Mais quoi! mon cœur se serre à ce doux souvenir !...

Regardant sa chaine en pleurant.
Pauvre Jeanne ! courage ; il faut savoir souffrir !...
Oui, souffre pour ton Dieu, pour ton roi, pour la France.
Le ciel tient en ses mains ta juste récompense.
C'est mon unique espoir ; il suffit à mon cœur.
En secret il m'anime et me remplit d'ardeur.

Isambard, un livre sous le bras, paraît à la porte de droite.

Entrez, frère Isambard... Savez-vous quelque chose ?

SCÈNE QUATRIÈME.

JEANNE D'ARC, ISAMBARD.

ISAMBARD *entrant, et avec dévouement.*
Dévoué tout entier à votre sainte cause,
J'ai, deux fois, sur l'autel, juré de vous sauver,
Et, pour y parvenir, je saurai tout braver....

JEANNE D'ARC.
Ciel ! je reverrais donc les lieux de mon enfance !

ISAMBARD.
Dieu sait ce que je fais pour votre délivrance...

JEANNE D'ARC.
Moi ! je me verrais libre !... O patrie ! ô bonheur !
Je reverrais mon père, et ma mère, et ma sœur !

ISAMBARD.
Ah ! pour vous délivrer, il n'est rien que je fasse !
Et, si j'ai de Cauchon affronté la menace,
Je saurai bien encor, par un suprême effort,
Combattre les desseins du terrible Bedford.
Vous êtes innocente et pure et vertueuse...

JEANNE D'ARC, *soulevant sa chaîne*.

Grand Dieu!... vous briseriez cette chaîne odieuse!

ISAMBARD.

Luxembourg et Talbot, hier encor si fougueux,
M'ont promis, sur l'honneur, de seconder mes vœux.

JEANNE D'ARC, *tout étonnée*.

Mes plus cruels bourreaux! mais je tremble, je doute,
Expliquez-vous, parlez; parlez, je vous écoute.

ISAMBARD.

« Guerriers, leur ai-je dit, voulez-vous qu'un docteur,
« Au nom de l'équité, s'adresse à votre cœur?
« Eh bien oui, vos Anglais, que vous croyez si braves,
« Insultent lâchement au bras chargé d'entraves;
« Et le cruel Bedford, en ce jour triomphant,
« Pour calmer son courroux, veut brûler un enfant!
« Mais se venger ainsi par le plus grand des crimes
« C'est creuser sous ses pas le plus noir des abîmes.
« Et vous le secondez!... Vous êtes avec lui!...
« Vous osez, sans remords, lui prêter votre appui.
« Ah! pour ce meurtre affreux, ce meurtre épouvantable
« Songez qu'un Dieu vengeur et toujours équitable,
« Tout en vous flétrissant du nom de criminel,
« Marquera votre front de l'opprobre éternel!
« La France ensanglantée et par vous envahie
« Succombait sous les coups de votre barbarie,
« Voyait tomber partout ses nobles chevaliers,
« Ses vaillants généraux et ses plus fiers guerriers;
« La France!... nation illustre et belliqueuse,
« Patrie au cœur humain, à l'âme généreuse,
« Succombant chaque jour sous la loi du plus fort
« Allait tomber aux mains du rigoureux Bedford.

1.

« Mais Dieu qui la soutient, de son trône empyrée,
« Commet, pour la sauver, une vierge inspirée...
« Jeanne, vous l'avez vue, apparaît en sauveur
« Pour arracher un peuple au joug de l'oppresseur.
« Que penser d'une enfant au sexe si timide,
« Qui marche au champ d'honneur en héros intrépide,
« Qui délivre Orléans, vous chasse de ses forts
« Et déploie à vos yeux de si nobles efforts ?
« Que croire, qu'augurer d'une simple bergère,
« Qui combat vaillamment une armée étrangère,
» Qui porte dans son camp l'épouvante et l'effroi,
« Et relève, en trois mois, le trône de son roi ?
« Parlez, Talbot, parlez ; interrogez votre âme...
« Croyez-vous voir ici l'ouvrage d'une femme ?
« Non, ne le pensez pas ! Pensez qu'un Dieu puissant
« Vainquit vos léopards par le bras d'une enfant.
« Vous êtes, des Anglais, le plus grand capitaine ;
« Eh bien, dans votre cœur, éteignez donc la haine.

JEANNE D'ARC.

Et ce touchant discours a produit son effet ?

ISAMBARD.

Oui, Jeanne, ils ont rougi de tout ce qu'ils ont fait.

JEANNE D'ARC.

Et le peuple ?

ISAMBARD.

Le peuple !... en son amour sincère,
Maudissant les Anglais, vous aime et vous révère.
Et, plaignant vos malheurs, il les voudrait venger...
Eh bien, dans ses desseins, je vais l'encourager.

Il sort par la porte du fond.

SCÈNE CINQUIÈME.

JEANNE D'ARC *seule.*

O ciel! par Isambard je serais donc sauvée!
Cette faveur d'en haut me serait réservée!
Un ordre de Bedford, empreint d'humanité,
Ordonnerait un jour ma mise en liberté!
Je reverrais Dunois, héros cher à la France,
Non!... Ne nous berçons point d'une folle espérance.
Talbot est un Anglais aux ordres de Bedford.
Luxembourg est un traître, auquel il faut de l'or...
Mais, que dis-je, espérons. Oui, le fameux Xaintrailles
Et Lahire, et Dunois, vainqueurs dans cent batailles,
Pour m'arracher d'ici, marchant tous trois d'accord,
Viendront, l'épée en main, me ravir à Bedford.
Jamais ces chevaliers ne m'ont abandonnée!
Je serais, par l'Anglais, à mourir condamnée!
Moi qui, dans vingt combats, vainquis leurs généraux,
Je me verrais flétrir par ces cruels bourreaux!
Je verrais cet évêque au regard hypocrite,
Je verrais ce prélat, dont le nom seul m'irrite,
Au pied de l'échafaud affectant la douleur,
Feindre d'intéresser le ciel en ma faveur!...
Non, je ne mourrai pas! Un seul Dieu me protége
Et ma mort, à ses yeux, serait un sacrilége...
Oui, ce Dieu qu'on blasphème avec impunité,
Saura bien mettre un terme à ma captivité....

En ce moment, la nuit arrive par degrés. — Pause.

Voilà le jour qui fuit et la nuit qui commence.
Puissé-je la passer dans un profond silence,
Jouir d'un doux repos, d'un paisible sommeil,

Sans que rien d'alarmant n'attriste mon réveil !

>Elle va s'agenouiller au pied de son lit. A peine a-t-elle commencé sa prière, que la porte du fond s'ouvre.

SCÈNE SIXIÈME.

JEANNE D'ARC, DEUX JUGES DU TRIBUNAL *ayant une liasse de papiers sous le bras*, LE GEÔLIER *de la prison, fallot à la main*, DEUX SOLDATS ANGLAIS.

LE PREMIER JUGE, *d'un ton sévère*.
Jeanne !...

JEANNE D'ARC, *se levant vivement*.
Vous, en ces lieux, à cette heure avancée !
Mon Dieu, de quel malheur suis-je encor menacée ?

LE PREMIER JUGE.
D'un interrogatoire.

JEANNE D'ARC.
Ici, dans ma prison !

LE PREMIER JUGE.
Nous sommes envoyés par monseigneur Cauchon.

JEANNE D'ARC.
Ah ! ce cruel évêque, au lieu de me défendre
Ne cherche que ma mort et ne veut pas m'entendre !
Pourquoi m'interroger pour la vingtième fois ?

LE PREMIER JUGE.
Pour remplir un devoir commandé par les lois.

JEANNE D'ARC.
Eh bien, je vous écoute :

>Le deuxième juge, déroulant gravement sa liasse de papier, se place à la table pour écrire les réponses, et fait signe à Jeanne de s'asseoir, faisant face au public.

LE PREMIER JUGE, *à Jeanne.*

Aviez-vous, dès l'enfance,
Ressenti pour l'Anglais la haine et la vengeance ?

JEANNE D'ARC.

Quand je vis mon pays par eux ensanglanté,
Gémissant sous les coups de tant de cruauté.
Quand je sus que mon roi, dans un péril extrême,
Allait perdre son trône avec son diadème,
Je voulus les chasser du sein de ses états,
Et, pour y parvenir, Dieu seul arma mon bras.

LE PREMIER JUGE.

Toujours au champ d'honneur vous marchiez la première ;
D'où vient que si souvent vous changiez de bannière ?
Pourquoi la brodiez-vous des lettres du Sauveur ?
Était-ce dans un but de vous porter bonheur ?
Répondez franchement.

JEANNE D'ARC.

Dans le choc des batailles,
Sous les yeux de Dunois, de Lahire et Xaintrailles,
Les flèches, en tous sens, lacérant mon drapeau,
Me forçaient chaque jour d'en reprendre un nouveau.

LE PREMIER JUGE.

En attaquant Paris pendant le saint office,
Au culte du vrai Dieu rendiez-vous donc justice ?

JEANNE D'ARC.

Je sais qu'un jour divin doit être respecté,
Mais je faisais du ciel la sainte volonté.

LE PREMIER JUGE.

Vous comprenez très-bien l'église militante ?
Eh bien, expliquez-nous l'église triomphante.

JEANNE D'ARC.
Je ne suis point docteur, et je n'ai pas besoin
D'expliquer vos grands mots qui viennent de trop loin.
LE PREMIER JUGE.
Vous avez fait sacrer votre roi légitime ?
JEANNE D'ARC, *avec orgueil.*
Oui, j'ai fait couronner ce prince magnanime !
LE PREMIER JUGE.
Vous étiez près de lui, l'étendard au côté ;
Cet honneur, il est vrai, vous l'aviez mérité.
Mais pourquoi restiez-vous si près de sa personne ?
Pendant que le prélat bénissait sa couronne ?
JEANNE D'ARC.
Après l'avoir sauvé d'un si triste malheur
Je devais partager sa gloire et son honneur.
Ne m'interrogez plus ; je n'ai plus rien à dire.
LE DEUXIÈME JUGE, *se levant.*
Eh bien, venez signer ce que je viens d'écrire.
JEANNE D'ARC, *se levant vivement.*
Signer !....
LE DEUXIÈME JUGE, *lui tendant la plume.*
Oui, Jeanne ; il faut obéir à la loi.
Prenez donc cette plume et signez devant moi..
Eh bien, vous hésitez.
JEANNE D'ARC.
Un sinistre présage
Semble ici de ma mort me présenter l'image.
Je vois, dans cet écrit....
LE DEUXIÈME JUGE, *l'interrompant.*
Hâtez-vous de signer,
Madame, et sans attendre, il vous faut résigner....

L'obéissance aux lois est votre seul refuge.
JEANNE D'ARC, *prenant la plume*.
Eh bien oui, j'obéis et je prends Dieu pour juge.
Elle signe d'une croix.
Voilà ma signature !....
LE DEUXIÈME JUGE.
Une modeste croix !
Ce signe a sa valeur et la justice y croit.

> *Le deuxième juge roule sa liasse de papier d'un air de triomphe, puis, ayant fait un signe d'intelligence à son confrère, ils sortent gais et satisfaits en saluant Jeanne d'un ton moqueur. Les deux soldats les suivent, ainsi que le geôlier.*

SCÈNE SEPTIÈME.

JEANNE D'ARC *seule*.

Ces juges corrompus par l'or de l'Angleterre ;
Ces magistrats sans foi capables de tout faire,
Ces hommes que le gain peut seul encourager,
Vont faire, au tribunal, un rapport mensonger...
N'est-ce pas m'abreuver de trop d'ignominie !
Je voyais, sur leurs fronts, la triste perfidie.
Ah ! malheureux évêque ! il faut que tes suppôts
M'assiégent, en ces lieux, sans trêve et sans repos !
Et ce sont des Français coupables d'un tel crime !
Des docteurs revêtus d'un pouvoir légitime
Qui, contre tout esprit de principe et de foi,
Violent, sans rougir, la justice et la loi,
Et, sans craindre un instant la perte de leur âme,
S'efforcent de tromper, de trahir une femme !....
C'est ici qu'à toute heure on me vient menacer !

O honte qui jamais ne pourra s'effacer !
De piéges, de tourments, toujours environnée,
A quelle mort, hélas ! serai-je condamnée !....

Après une pause.

Mourir !... quand hier encor la patrie en danger
Se courbait sous le joug d'un despote étranger !
Quand, mettant à profit nos discordes civiles,
L'ennemi ravageait nos hameaux et nos villes,
Allumait l'incendie au sein de nos maisons,
Ensanglantait nos champs, détruisait nos moissons...
Mourir !... moi, quand j'ai vu la France frémissante
Demandant à grands cris, d'une voix suppliante,
Un héros, un sauveur au bras puissant et fort,
Un être surhumain pour terrasser Bedfort.

Posant fièrement la main sur son cœur.

Le voilà ce héros !... O France bien-aimée !
Toi qui me vois ici tristement enfermée,
Souffriras-tu toujours que d'insolents docteurs,
En servant les Anglais, soient mes persécuteurs !....

Isambard paraît à la porte du fond.

Mais Isambard revient...Dieu ! que va-t-il m'apprendre ?

SCÈNE HUITIÈME.

JEANNE D'ARC, ISAMBARD.

ISAMBARD, *descendant de la scène*.
Jeanne ! qu'avez-vous fait ! Que viens-je donc d'entendre !

JEANNE D'ARC.

O ciel !

ISAMBARD.

Oui, je sais tout !

JEANNE D'ARC.
      Qu'allez-vous m'annoncer?
ISAMBARD.
Ce qu'un homme de cœur n'eût jamais pu penser.
JEANNE D'ARC.
Vous me glacez d'effroi !
ISAMBARD.
         Quel affreux stratagème !...
Deux juges, deux docteurs du tribunal suprême,
Sans respect pour les lois ni pour l'humanité,
Viennent de vous trahir avec impunité !
JEANNE D'ARC.
Me trahir !
ISAMBARD.
     Oui, Jeanne, oui... victime obéissante,
Vous avez, malgré vous, et d'une main tremblante,
Sur leur fatal papier apposé votre seing,
Et couronné par là leur criminel dessein.
Ils vous interrogeaient... Et moi, pour les entendre,
Et moi qui veux partout, en tous lieux vous défendre,
Je reviens sur mes pas... Et là, de leurs discours
Mon oreille attentive a pu suivre le cours.

Il désigne la porte de gauche derrière laquelle il écoutait.

Rien ne m'est échappé.... cet interrogatoire
Restera, pour toujours, gravé dans ma mémoire.
J'entends encor ce juge et sans âme et sans foi,
Vous forcer de signer en invoquant la loi.
Eh bien ! Jeanne, eh bien ! oui, par votre signature,
Vos actes les plus saints, une vie aussi pure,
Votre foi, vos vertus, votre amour pour le bien,

Votre valeur guerrière et votre esprit chrétien,
Tous ces grands sentiments que chérit la patrie,
Ne sont plus qu'un mensonge et qu'une calomnie....
    JEANNE D'ARC, *avec désespoir.*
Qu'un mensonge!... et ma main malgré moi l'a signé !
Hélas! sur cet objet qui vous a renseigné ?
Comment ? par quelle adresse ?... ou plutôt quelle audace
Vous fait ouvrir les yeux sur tout ce qui se passe ?
    ISAMBARD.
Je les ai vus sortir, et, se donnant le bras,
Sans pouvoir se douter que j'étais sur leurs pas.
Ils parlaient assez haut de leur triste message...
Pauvre Jeanne, écoutez, écoutez leur langage :
« Nous l'avons prise au piége! En signant ce papier,
« Elle a désavoué son passé tout entier....
« Cette abjuration, cet étonnant blasphème
« Va se tourner contre elle et contre Dieu lui-même.
« Ces voix qui lui parlaient, ces purs esprits des cieux,
« Etaient l'effet menteur d'un songe audacieux.
« Elle a tout renié !...
    JEANNE D'ARC.
   J'affirme le contraire.
Dieu sait ce que j'ai fait, lui seul me l'a fait faire.
    ISAMBARD.
Ne désespérez pas... Il faut que, dès demain,
Ces juges soient flétris par leur acte inhumain ;
Que, de leur trahison la nouvelle semée,
Arme, en votre faveur, et le peuple et l'armée.
Je cours, et de ce pas, et sans rien balancer,
A la face du ciel je les vais dénoncer !...
     Il sort avec colère.

SCÈNE NEUVIÈME.

JEANNE D'ARC *seule*.

Allez, frère Isambard ; démasquez leur intrigue.
Allez ; brisez le nœud de leur coupable ligue.
Courez chez ce prélat, et sachez à ses yeux,
Dérouler le tableau de ses faits odieux.
Confondez son audace, et, sur son front coupable,
Rejetez tout le poids de son acte exécrable.
Me voir ici l'objet de tant de cruauté !...
Ah ! jamais criminel ne fut plus mal traité !
Et toi, farouche Anglais, aux peines que j'endure
Que me réserves-tu ?

SCÈNE DIXIÈME.

JEANNE D'ARC, *puis* DEUX GARDES.

LE PREMIER GARDE, *entrant vivement de droite*.
La mort ou la torture !
JEANNE D'ARC.
Et vous y souscrivez ?...
LE DEUXIÈME GARDE, *avec pitié*.
Non, Jeanne ; en ce moment
Nous sommes animés d'un meilleur sentiment.
Le plus cher de nos vœux est d'adoucir ta peine ;
Et, pour te le prouver, je vais t'ôter ta chaîne.
Il la lui ôte immédiatement.
Mais, cette liberté, nous la prenons sur nous
Afin que cette nuit ton sommeil soit plus doux.

Allons, te voilà libre ; et la vengeance anglaise
Ne saurait t'empêcher de dormir à ton aise.
Repose, Jeanne d'Arc ; repose loin du bruit ;
Nul mortel, en ces lieux, ne viendra cette nuit.

Ils sortent par la porte de droite.

SCÈNE ONZIÈME.

JEANNE D'ARC *seule*.

Quoi ! je vais donc dormir d'un sommeil plus tranquille !
Je ne traînerai plus cette chaîne inutile !
Ces gardes qui, pour moi, se montraient si cruels,
M'entoureraient d'estime et de soins paternels.
Leur haine céderait à l'esprit de clémence
Et je serais l'objet de leur condescendance ;
Je les verrais ici, respirant la douceur,
Traiter la prisonnière avec moins de rigueur....
Mais quoi !... je doute encor... Quelle triste pensée !
Tout me dit que je suis leur victime encensée.
Tout me montre, en effet, l'autel paré de fleurs
Préparé par les soins de mes persécuteurs....
Oui, c'est encore un piège, une ruse, une feinte....
Jusques à quand, mon Dieu, vivrai-je dans la crainte !
Ces gardes, après tout, tourmentés du remords,
Ne chercheraient-ils pas à réparer leurs torts ?
Qui ne sait qu'un soupçon, ce sentiment injuste,
Peut planer quelquefois sur l'homme le plus juste ?
J'ai cru... Je crois encore avoir vu dans leurs yeux
Un sentiment plus noble et bien plus généreux....
Un gardien, comme un autre, a son côté sensible.
Eh bien ! jouissons donc d'un sommeil plus paisible,

Et demandons à Dieu que, par sa volonté,
Un jugement nouveau nous mette en liberté.

Elle va s'agenouiller contre son lit, et au même instant minuit sonne au dehors. Alors on frappe trois coups à la porte du fond. La porte s'ouvre et le geôlier, avec son trousseau de clefs et un fallot allumé, entre doucement suivi d'un homme affublé d'un long manteau noir et coiffé d'un casque, visière baissée, qui ne laisse voir que ses deux yeux. Jeanne se lève.

SCÈNE DOUZIÈME.

JEANNE D'ARC, LE GEÔLIER, L'HOMME *au manteau*.

L'HOMME *au manteau, à Jeanne d'Arc.*
Je viens à vous, madame; une action hardie
Me pousse à vous sauver au péril de ma vie.

Il donne une pièce d'or au geôlier et lui fait signe de se retirer.

Je veux, cette nuit même, accomplir mon dessein...
JEANNE D'ARC, *avec appréhension.*
Ah! si ce long manteau cachait un assassin!...
L'HOMME *au manteau.*
Ce manteau cache un homme, un compagnon de gloire
Qui naguère, avec vous, volait à la victoire.
J'ai cru, par prévoyance, et pour ma sûreté,
Prudent de revêtir ce costume emprunté.
Ne délibérons pas... Hâtons-nous, le temps presse.
Que cette évasion se fasse avec adresse!...
Isambard nous attend.
JEANNE D'ARC.
Quoi! le frère Isambard!

L'HOMME *au manteau*.
M'a bien recommandé de presser mon départ.
Et, d'accord avec moi, pour votre délivrance,
Nous avons consulté les lois de la prudence.

JEANNE D'ARC.
Sous ce déguisement, je vois la trahison !...
Allez, retirez-vous ; sortez de ma prison.
N'ai-je pas vu Stafford !... Stafford, de son épée,
Sans Warwick, en ces lieux, ne m'eût-il pas frappée ?
N'eût-il pas, dans mon sein, de son bras meurtrier,
Enfoncé lâchement le poignard tout entier ?
Je ne vous connais pas !

L'HOMME *au manteau*.
   Ne craignez rien, madame.
Sous ce déguisement se cache une grande âme ;
Une âme dont la France, en ses jours de malheur,
De guerre malheureuse, a connu la valeur.
Songez que votre évêque a des projets infâmes ;
Que Bedford se prépare à vous livrer aux flammes.
Vous n'avez qu'Isambard et moi pour vous sauver.
Mais un moment perdu ne se peut retrouver.
Sachez donc profiter de notre bienveillance !
Et, si je m'offre à vous pour votre délivrance ;
Si je viens vous soustraire au courroux des Anglais,
C'est pour vous rendre libre et venger les Français.

JEANNE D'ARC.
Libre ! je le voudrais....

L'HOMME *au manteau*.
   Eh bien, prenons la fuite.
Venez, venez, madame, et partons au plus vite.
Une voiture est prête et nous attend là-bas.

Partons... oui, partons donc... précipitons nos pas...
JEANNE D'ARC.
Si je vous connaissais, je sortirais peut-être...
L'HOMME *au manteau.*
Eh bien, puisqu'il le faut, faisons-nous donc connaître.

Il se dirige vers la table, y dépose son manteau et relève sa visière; puis, revenant vers Jeanne d'Arc, restée là toute frémissante

Me reconnaissez-vous?
JEANNE D'ARC.
O ciel! c'est vous, Dunois!
Vous en ces tristes lieux!... c'est vous que je revois.
DUNOIS, *lui prenant la main.*
Moi-même, pauvre Jeanne!...
JEANNE D'ARC, *radieuse.*
Et notre brave armée?
DUNOIS.
Voit grandir chaque jour sa belle renommée.

En ce moment, le premier gardien paraît sur le seuil de la porte du fond avec un fallot; puis, reconnaissant le général français, fait, sans être vu ni entendu, un geste menaçant, et sort en refermant la porte sur lui.

JEANNE D'ARC.
Et le roi Charles Sept ne pense plus à moi?
DUNOIS.
Charles Sept, je l'avoue, est un excellent roi;
Il commande aux soldats; et, marchant à leur tête,
Chaque fois qu'il combat est sûr de sa conquête.
Votre nom, dans son cœur, est gravé pour jamais,
Car il sait qu'il vous doit d'être roi des Français.

Mais nous perdons du temps, Jeanne ; allons, et sur l'heure
Sans tarder d'un instant, fuyons cette demeure.

JEANNE D'ARC.

Où me conduirez-vous ?

DUNOIS.

      Dans un château royal,
Où vous pourrez jouir d'un bonheur sans égal.
Vous serez à la cour, je vous le promets, Jeanne ;
Oui, vous serez du roi l'aimable courtisane !
Et là, si jeune encor, dans ce poste élevé,
Richesse, gloire, honneur, tout vous est réservé !...
Et voulant tour à tour louer votre courage,
Des ducs, des chevaliers viendront vous rendre hommage.

JEANNE D'ARC.

Ce n'est pas à la cour que tendent tous mes vœux :
Cet éclat, ces grandeurs qu'on étale à nos yeux,
Ces beaux palais dorés qu'habitent vos duchesses,
Et vos vastes salons, asile des richesses,
Sont loin de me séduire et de flatter mon cœur.

DUNOIS.

Eh bien, que voulez-vous ?

JEANNE D'ARC.

     Ah ! mon plus grand bonheur
Croyez-moi, cher Dunois, est de revoir ma mère ;
Partons, conduisez-moi dans les bras de mon père !

Elle lui montre la porte de droite.

Sortons par cette porte.

DUNOIS.

    Oui, sortons doucement.

JEANNE D'ARC, *toute tremblante*.

Mon Dieu, protége-moi!... Mais quel pressentiment...

Ils se dirigent vers la porte de droite et se trouvent en face du geôlier, qui entre suivi d'Isambard qui tient sous son bras une robe noire.

SCÈNE TREIZIÈME.

JEANNE D'ARC, DUNOIS, ISAMBARD, LE GEÔLIER.

ISAMBARD, *à Dunois*.

Un espion anglais, à l'oreille attentive,
Vient d'instruire Stafford de notre tentative.
Et, sans perdre de temps, rassemblant ses soldats,
Stafford, vers la prison, se dirige à grands pas.
Fuyons, Dunois, fuyons!... avant son arrivée,
Il faut que Jeanne d'Arc par nos soins soit sauvée.

DUNOIS.

Oui, sauvons cette enfant des mains de son bourreau.

ISAMBARD.

Mais avant de sortir prenez votre manteau.

Dunois se recouvre de son manteau et replace sa visière. Isambard enveloppe Jeanne d'une longue robe noire.

ISAMBARD, *au geôlier*.

Oh! je crois de Stafford voir le fer homicide.

LE GEÔLIER.

Ne suis-je pas ici pour vous servir de guide?
Venez donc... suivez-moi... je vais guider vos pas...

ISAMBARD.

Guidez-les sûrement et ne nous trompez pas!

JEANNE D'ARC, *joyeuse*.

O bonheur! dès demain je verrai ma famille,

Et ma mère, ma mère embrassera sa fille !
Protége-moi, mon Dieu, dans cette évasion !...

> Le geôlier ouvre la porte de droite, et sort suivi de Dunois, d'Isambard et de Jeanne ; mais, à l'instant où Jeanne va franchir le seuil, le premier gardien, entrant vivement de gauche, l'arrête et la jette au milieu de la scène, où elle tombe à genoux.

LE PREMIER GARDIEN.

Vous ne sortirez pas.

JEANNE D'ARC, *se relevant vivement*.

C'est une trahison !

Le fond du théâtre se remplit de soldats, à la tête desquels on voit Stafford, l'épée à la main, et le rideau tombe.

DEUXIÈME ACTE

Même décor qu'au premier acte. Au lever du rideau, on voit Jeanne d'Arc profondément endormie dans son lit. Nuit complète. Une veilleuse brûle sur la table. La scène reste vide quelques instants.

SCÈNE PREMIÈRE.

ISAMBARD

Entrant de droite, paraît d'abord étonné de ne pas voir Jeanne ; mais, l'apercevant dans son lit, il se dirige vers elle. Là, croisant ses bras sur sa poitrine, il la contemple en silence, puis, redescendant la scène tristement, il dit en essuyant ses larmes :

Hélas ! un espion, vil rebut de la terre,
M'a privé du bonheur de la rendre à sa mère !
Il est un Dieu pourtant, qui seul peut étouffer
La haine des Anglais que je vois triompher ;
Un Dieu qui nous éprouve ; un Dieu dont la clémence
Nous soutient, nous protége et défend l'innocence.
Pauvre femme ! plongée en un profond sommeil,
Se verra-t-elle encor trahir à son réveil !
Ah ! quand un lâche évêque au caractère sombre
Ne cherche que sa mort et médite dans l'ombre
Des projets criminels ; quand on a contre soi
Un prélat déserteur, un ministre sans foi,

D'un pareil ennemi qu'en mon cœur je déteste,
Ne doit-on pas s'attendre à quelque coup funeste !...
De quoi n'est pas capable un homme tel que lui ?
Ses suppôts, pour de l'or, lui prêtent leur appui.
Oui, pour faire mouvoir les ressorts de l'intrigue,
C'est l'argent des Anglais que ce prélat prodigue.
Il remonte la scène et va contempler Jeanne de nouveau.
Quel calme ! quel repos ! quelle sérénité !
Qui pourrait la troubler dans sa tranquillité !
S'agenouillant près du lit :
Mon Dieu, toi qui connais mon amour et mon zèle,
Prolonge son sommeil et veille aussi sur elle.
Inspire-moi surtout quelques projets nouveaux
Qui puissent la soustraire à ses cruels bourreaux.

SCÈNE DEUXIÈME.

ISAMBARD, LE GEÔLIER.

LE GEÔLIER, *entrant de droite.*
Sortez, frère Isambard, et faites diligence.
On prétend qu'avec vous je suis d'intelligence.
Deux gardiens vont venir visiter la prison.
ISAMBARD, *se levant.*
Pour y commettre, hélas ! une autre trahison !
Pour troubler le repos d'une femme endormie
Par quelque stratagème ou par quelque infamie.
LE GEÔLIER.
Ne les attendons pas. Sortons, fuyons ces lieux.
ISAMBARD, *regardant Jeanne avec pitié.*
Viendraient-ils se souiller par un crime odieux !...
Ils sortent par le fond.

SCÈNE TROISIÈME.

JEANNE D'ARC, *puis* LES DEUX GARDIENS.

LE PREMIER GARDIEN

Ayant sous son bras le casque et les habits de guerre de Jeanne d'Arc, entre doucement de droite, suivi de son camarade. Il s'approche du lit pour s'assurer qu'elle est profondément endormie.

Elle dort!... parlons bas... surtout de la prudence.
Enlevons-lui sa robe avec intelligence,
Et plaçons sur son lit cet habit masculin.

Donnant un papier au deuxième gardien :

C'est l'ordre de l'évêque; un ordre de sa main!...

LE DEUXIÈME GARDIEN, *donnant un coup d'œil au papier.*

Un ordre aussi barbare, un acte aussi sévère,
N'est-il pas un blasphème à son saint ministère?
Apôtre du sauveur, un généreux pardon
Eût fait sa propre gloire et l'honneur de son nom.
Qu'ai-je dit!... un pardon!... cette humble prisonnière
Pour avoir triomphé par sa valeur guerrière
A donc commis un crime! elle a donc mérité
Du seigneur de Beauvais l'affreuse iniquité!
Quoi! trahir en ces lieux une femme endormie!
C'est une lâcheté qui tient de l'infamie!

Cachant son papier avec indignation.

Pauvre Jeanne, on te perd!...

LE PREMIER GARDIEN.

Eh bien, que penses-tu?
Un ordre s'exécute et n'est point combattu,
Surtout quand il nous vient d'un ministre suprême.

Cet évêque est méchant, je le conçois moi-même,
Mais payés pour servir et non pour discuter,
D'un devoir rigoureux il faut nous acquitter.

Tirant de sa poche une bourse pleine d'or.

Tiens, accepte cet or, pour prix de ton silence,
Si l'évêque apprenait ta désobéissance,
S'il savait que son ordre est par toi méconnu,
Il te dénoncerait et tu serais perdu !...

Le premier gardien, s'approchant doucement du lit, enlève la robe de Jeanne et sa coiffure, et met à leur place ses habits de guerre et son casque, vêtements d'homme défendus, puis prend la veilleuse et sort avec son camarade, sans être vu ni entendu. La scène reste vide quelques minutes, et le jour revient par degrés.

SCÈNE QUATRIÈME.

JEANNE D'ARC, *seule, se réveillant.*

Grâce à Dieu, cette nuit heureusement passée,
Sera longtemps encor présente à ma pensée !
Je n'ai rien entendu. Le ciel veillait sur moi.
Dans mon profond sommeil je rêvais à mon roi,
Je voyais Domremy, les lieux de ma naissance,
Et le toit paternel, berceau de mon enfance.
Enfin, après avoir illustré nos drapeaux,
Je conduisais aux champs mes paisibles troupeaux,
Je revoyais mon père et toute ma famille,
Et ma mère, en ses bras, serrait sa tendre fille !...
Un songe, quelquefois, est un présage heureux...

Apercevant ses habits de guerre.

Que vois-je ! mes habits !... dois-je en croire mes yeux !

Oui, mes habits de guerre!... Ah! je comprends l'injure ;
On me veut accuser du crime de parjure.

> *Elle appelle ses gardiens.*

Gardes!... venez ici... Venez, je vous attends.

> *Les deux gardiens entrent de droite et s'approchent du lit.*

Vous allez m'obéir, du moins je le prétends :
Par ordre de Cauchon, ennemi trop infâme,
Vous m'avez dérobé mes vêtements de femme...

LE PREMIER GARDIEN.

Nous!

JEANNE D'ARC.

  Oui, vous cette nuit, pendant que je dormais.
Que ne feriez-vous pas pour servir les Anglais!
Rendez-moi sur-le-champ ma robe et ma coiffure,
Et sachez compatir aux peines que j'endure.

LE PREMIER GARDIEN.

Nous n'avons rien à vous.

JEANNE D'ARC,

    Quoi! vous osez mentir!
Hélas! ce sera vous qui m'aurez fait mourir.
Oui, vous qui d'un Bedfort secondant l'injustice,
Aurez tout préparé pour un nouveau supplice.
Tout l'or qu'on vous prodigue... Et ce n'est qu'à ce prix
Qu'enfin vous vous couvrez d'opprobre et de mépris.

LE PREMIER GARDIEN.

Mais ce reproche amer, sorti de votre bouche,
Est un reproche injuste et n'a rien qui nous touche.
Tandis que vous, madame, afin de nous tromper,
Sous un déguisement vouliez nous échapper.

Osez nous démentir... Allez, allez, madame,
Nous n'avons point soustrait vos vêtements de femme.

Ils sortent par la porte du fond.

SCÈNE CINQUIÈME.

JEANNE D'ARC

tire les rideaux et garde le silence pendant qu'elle s'habille, puis, en tenue de guerre, elle les écarte et saute en bas du lit

Mon Dieu, je n'ai que toi pour désarmer le bras
De ceux que j'ai vaincus dans plus de vingt combats.
Je t'implore à genoux... Par ta bonté suprême
Sauve-moi, par pitié, de ce péril extrême,
Et Jeanne, à te bénir, mettra toujours ses soins.

Le premier gardien, suivi de son camarade, s'élance du fond au milieu de la scène et regarde Jeanne d'un air triomphant.

SCÈNE SIXIÈME.

JEANNE D'ARC, LES DEUX GARDIENS.

LE PREMIER GARDIEN.

De ton serment trahi nous voilà les témoins!

JEANNE D'ARC.

Monstres! vous triomphez!

LE PREMIER GARDIEN.

                Et l'heure est arrivée
Qu'au fatal dénouement l'évêque a réservée.
Déjà son tribunal, attentif à sa voix,
S'apprête à te juger pour la dernière fois.
Que pourras-tu répondre, et par quelle prière
Oseras-tu prouver que tu n'es pas sorcière?

Quoi ! tu reprends encor ces habits défendus !
Mais c'est donc le démon qui te les a rendus ?

JEANNE D'ARC.

Le démon !... ah perfide ! il voit votre victime.
C'est lui qui vous excite à commettre un tel crime !

LE PREMIER GARDIEN.

Va, tu seras jugée et remise aux Anglais.

JEANNE D'ARC.

Remise à mes bourreaux par la main d'un Français.

LE PREMIER GARDIEN.

Pour complaire à Bedfort, dont tu connais la haine,
Cauchon a tout conduit...

JEANNE D'ARC.

      Et ma mort est certaine !

LE DEUXIÈME GARDIEN, *avec émotion*.

Pauvre Jeanne ! cet homme, apôtre du vrai Dieu,
Te fera condamner à mourir par le feu.
C'est la mort du martyr !... mais, en perdant la vie,
Du moins tu la perdras pour sauver ta patrie.

Il prend la chaîne et la lui passe comme auparavant.

JEANNE D'ARC, *avec douleur*.

Vous m'enchaînez encore !

LE DEUXIÈME GARDIEN.

      Hélas ! cette rigueur
Dont je te vois l'objet est pénible à mon cœur !
Mais, serviteur soumis, je dois obéissance
A ceux qui, pour te perdre, exercent leur vengeance.

Ils sortent par le fond.

SCÈNE SEPTIÈME.

JEANNE D'ARC, *seule, regardant leur sortie.*

Pour me perdre !... Grand Dieu, daigne veiller sur moi !
Pardonne à mes bourreaux et conserve mon roi.
Dirige au champ d'honneur et ce prince et l'armée,
Et sauve sans retard ma France bien-aimée !
Pour me perdre !... quel mot ! quel avertissement !...
Mais reviens donc, Dunois, oui, reviens promptement;
Marche avec tes guerriers poitrine découverte;
La route, devant toi, n'est-elle pas ouverte ?
Ne peux-tu, jusqu'ici, précipitant tes pas,
M'amener triomphants, nos valeureux soldats ?
Ne peux-tu, dans Rouen !... Quoi ! l'espoir en mon âme !
Quand d'un fatal bûcher je vois briller la flamme !
Quand je vois un Stafford, avide de mon sang,
De mes cruels bourreaux tenir le premier rang ;
Quand je vois, contre moi, cet évêque homicide....
Non, non, n'espère plus, pauvre vierge timide !
Le coup qu'on te réserve en ce triste moment
Sera le prix honteux de ton beau dévouement !...

> Pause d'un instant : puis regardant son costume de guerre.

Le voilà ce costume, effroi de l'Angleterre !
Le voilà cet habit que je portais en guerre !
Il me manque une épée, arme chère à mon cœur
Et que, dans les combats, sus porter en vainqueur.

> En ce moment, le geôlier, suivi de l'homme au manteau, entre du fond. DUNOIS (c'est lui) va ceindre Jeanne d'une épée qu'il tenait sous son manteau, puis, lui serrant la main sans parler, il sort avec le geôlier.

Dunois ! Oui, c'est bien lui... je ne suis point trompée...
Mais pourquoi ce héros me ceint-il d'une épée ?
Quel est donc son projet ? et pour quelle raison
Vient-il, en inconnu, m'armer dans ma prison ?
C'est pour me rappeler tous ces grands jours de gloire
Où nous marchions ensemble au champ de la victoire.

Tirant son épée, qu'elle brandit fièrement.

Eh bien oui, Jeanne d'Arc est encore soldat !...
S'il le fallait prouver, dans un nouveau combat,
La France me verrait, de cette main hardie
Chasser ces fiers Anglais loin de la Normandie.

Le geôlier paraît à la porte du fond.

Entrez donc, cher geôlier !... Que pense-t-on de moi ?

SCÈNE SEPTIÈME.

JEANNE D'ARC, LE GEÔLIER.

LE GEÔLIER.

Un bruit assez étrange et peu digne de foi
Se répand dans la ville, et ce bruit qui vous touche,
L'évêque le répète avec un œil farouche.

JEANNE D'ARC, *étonnée*

L'évêque !... Que dit-il ?

LE GEÔLIER.

Que par de vils moyens
Vous êtes parvenue à tromper vos gardiens.
Qu'agissant en sorcière ainsi qu'en hérétique,
Vous avez, par un fait vraiment diabolique,
Repris secrètement vos habits défendus.

JEANNE D'ARC, *exaspérée*.

Ah ! barbare ! ah perfide ! évêque sans vertus....

LE GEÔLIER.

Arrêtez, calmez-vous... Instruit de son audace
Le peuple le maudit et sait ce qui se passe.

JEANNE D'ARC.

Cette nuit, mes gardiens....

LE GEÔLIER *l'interrompant*.

Vos gardiens!... je sais tout.
En geôlier vigilant, j'ai l'œil un peu partout :
Je sais que pour de l'or, métal qui les enflamme,
Ils vous ont dérobé vos vêtements de femme,
Et que jouant ici le rôle d'assassin,
Ont servi du prélat le criminel dessein.
Eh bien! oui, Jeanne, eh bien! je vais à l'instant même
Par un ingénieux et simple stratagème
Déjouer leur projet.

JEANNE D'ARC.

Qu'allez-vous faire, hélas?

LE GEÔLIER.

Je vais, pour vous tirer d'un triste et mauvais pas,
Employer un moyen que je crois infaillible.

*Jeanne sourit et croit voir une lueur d'espérance :
en même temps, le premier gardien entr'ouvre la
porte du fond, pour écouter les paroles du geôlier.*

Une femme du peuple à votre sort sensible,
Partageant, avec moi, vos peines, vos malheurs,
Et ne parlant de vous qu'en essuyant ses pleurs,
Porte une longue robe à la vôtre pareille
Qui pourrait, j'en suis sûr, vous vêtir à merveille....

JEANNE D'ARC, *radieuse*.

O bonheur! je comprends!... j'entrevois ce moyen...

LE GEÔLIER.

Jeanne, sur ce sujet abrégeons l'entretien ;
On pourrait nous entendre. Un lâche, un satellite,
Quelque traître suppôt à la face hypocrite
Pourrait nous écouter, et, comme un espion,
Prêter partout l'oreille autour de la prison.
Je me hâte, je cours supplier cette dame
D'apporter en ces lieux son vêtement de femme.

JEANNE D'ARC.

Oui, hâtez-vous, courez ; ne perdez pas de temps ;
Je suis impatiente et compte les instants.

Le geôlier sort par la porte du fond.

SCÈNE NEUVIÈME.

JEANNE D'ARC, *seule.*

Une robe empruntée et pareille à la mienne !
Qu'elle se hâte donc ! je l'attends, qu'elle vienne,
Cette estimable femme !... Aurai-je le bonheur
De la voir en ces lieux apparaître en sauveur
Sans qu'un mauvais génie, ardent à tout détruire,
A tout paralyser, ne vienne encor me nuire ?
Sans que l'un des gardiens, le plus astucieux,
Et le plus inhumain, le plus audacieux,
Vienne encor traverser cet espoir qui me reste
Et me porter ici le coup le plus funeste ?...
Cet espoir, qu'en mon cœur je croyais respirer,
Me dit que, contre moi, tout semble conspirer.
Dunois, pour me sauver, Dunois qui se déguise,
N'a-t-il pas échoué dans sa noble entreprise ?
Rien ne me réussit !... Mais quoi ! toujours la peur !
Un doux espoir me luit et je le crois trompeur !
Un geôlier vigilant, qui pour moi s'intéresse....

Et je tremble, et je crains !.. Mais c'est de la faiblesse.
Eh bien ! espérons donc... Le sort qui nous poursuit
Voit quelquefois de près le bonheur qui le suit.
Ce bonheur, je l'attends avec impatience.
Ah ! que n'est pas en droit d'attendre l'innocence !...

Elle s'arrête par un mouvement subit. Elle va écouter à la porte du fond, puis aux deux autres avec inquiétude. Revenant en scène.

On vient ! j'entends marcher : serait-ce donc Stafford ?
Ce monstre respirant la vengeance et la mort !

La porte de droite s'ouvre et le geôlier paraît suivi de la femme du peuple qui porte un carton à la main, de forme carrée.

Mais non, c'est le geôlier ; c'est cette noble femme.
Que son regard est doux ! Approchez-vous, madame.

SCÈNE DIXIÈME.

JEANNE D'ARC, LE GEÔLIER, LA FEMME DU PEUPLE.

LA FEMME DU PEUPLE.

Ah ! Jeanne, quel bonheur peut être égal au mien !...
Victime d'un évêque au cœur si peu chrétien,
Je viens, d'après l'avis que le geôlier me donne,
Secourir, s'il se peut, votre illustre personne.
J'apporte, à cet effet, dans ce simple carton,
L'objet qui peut suffire à confondre Cauchon.

A l'instant où elle veut ouvrir le carton, le geôlier la retient.

LE GEÔLIER.

Attendez un moment, madame ; cette chaîne,
Indigne et vil objet de rigueur et de haine
Doit tomber sous ma main.

LA FEMME *du peuple, regardant la chaîne avec pitié.*

Oui, faites, à mes yeux,

Diparaître à l'instant ces liens odieux.
> *Le geôlier prend une clef dans son trousseau, ouvre le cadenas et la chaîne tombe. Il la porte aussitôt au pied du mur, Jeanne lui donne la main.*

LE GEÔLIER.

Ne perdons pas de temps en discours inutiles.
Peut-être, en ce moment, des espions habiles
Ont-ils les yeux sur nous. Déjà plus d'une fois,
Nous avons, Dieu le sait, échoué sous leurs lois.
> *En ce moment la porte de gauche s'ouvre et laisse voir un homme affublé d'une longue robe blanche, portant un masque noir sur sa figure; après quelques instants, sans avoir été ni vu ni entendu, il se referme derrière la porte.*

Évitons leur présence et leur cruelle adresse.

LA FEMME DU PEUPLE, *ouvrant son carton.*

Eh bien! oui, hâtons-nous, puisque le temps nous presse.
> *Elle sort de son carton une robe qu'elle donne à Jeanne.*

Jeanne, de cette robe il vous faut revêtir.
> *Jeanne reçoit la robe, toute rayonnante d'espoir.*

LE GEÔLIER, *à la femme du peuple.*

Et nous, madame, et nous, hâtons-nous de partir.
Vous, Jeanne, habillez-vous, jouez bien votre rôle ;
J'espère vous sauver. Comptez sur ma parole.
Surtout qu'en vous voyant, vos gardiens confondus
Ne trouvent point ici vos habits défendus.
> *Le geôlier et la femme du peuple sortent par la droite.*

SCÈNE ONZIÈME.

JEANNE D'ARC, *examinant sa robe.*

Grâce au ciel ! je reprends mon vêtement de femme.

Et je vais déjouer les projets d'un infâme !
Je vais, de cet évêque aux instincts si cruels,
Traverser, d'un seul coup, les complots criminels.
Je vais confondre enfin, et le prélat servile,
Et le bruit mensonger qu'il répand dans la ville.
L'innocence a son Dieu, son ange protecteur,
Et ce Dieu, tôt ou tard, fait tomber l'imposteur.
     Pressant sa robe sur son cœur.
Cette robe ! ô bonheur, me remplit d'espérance
Et de mon triste cœur allége la souffrance !
Destin !... heureux destin !.... tourne les yeux sur moi
Et viens dans ma prison fortifier ma foi !...
Mais pour la revêtir, n'est-ce pas trop attendre ?
Un espion hardi pourrait bien nous surprendre.
Hâtons-nous. Je suis seule, et je dois, sans témoin,
Changer de vêtement avec le plus grand soin.
Je dois, au Dieu suprême, adresser ma prière
Pour qu'il protége ici la pauvre prisonnière.

  Elle pose sa robe sur la table, puis s'agenouille contre son lit et prie en silence. La porte de gauche s'ouvre et l'homme en robe blanche et au masque noir entre doucement, puis se dirigeant à pas comptés vers la table, y prend la robe, et disparaît par la même porte sans parler et sans avoir été vu ni entendu. Jeanne se lève, porte un regard sur la table et reste frappée de stupeur en voyant que sa robe n'y est plus.

Trahie !... encor trahie !... et c'est un espion
Qui toujours fait le guet au seuil de ma prison !
Un traître qui voit tout, avec art se dérobe ;
Un misérable, enfin, qui vient prendre ma robe !
     Tirant son épée avec colère.
Que ne suis-je appelée en face des Anglais

Pour leur prouver encor que j'ai du sang français !...
Où suis-je ? je m'égare !... ô femme infortunée !
D'armes et d'ennemis je suis environnée !

La porte du fond s'ouvre et l'évêque paraît suivi de Warwick, des deux juges, d'Isambard, des deux gardiens et de deux soldats anglais.

SCÈNE DOUZIÈME.

JEANNE D'ARC, CAUCHON, WARWICK, DEUX JUGES, ISAMBARD, DEUX GARDIENS ET DEUX SOLDATS ANGLAIS.

CAUCHON, *à Jeanne d'Arc.*

Eh bien ! madame, eh bien ! parjure à vos serments,
Je vous trouve en ces lieux avec ces vêtements !
Rengaînez votre épée !... Est-ce donc par caprice
Que vous méconnaissez les lois et la justice ?
Osez donc m'avouer par quels tristes moyens
Vous êtes parvenue à tromper vos gardiens.
Oui, c'est bien là le fait d'un honteux sortilége !
L'audace est donc chez vous un secret privilége...

JEANNE D'ARC.

Ah ! sur ce fait, seigneur, mon cœur est innocent !
Vous seul êtes coupable aux yeux d'un Dieu puissant.

CAUCHON.

Coupable !

JEANNE D'ARC.

Oui, seigneur, oui, vous agissez en traître ;
Et le peuple, dans vous, ne voit qu'un mauvais prêtre.

CAUCHON.

Respectez un évêque et son pouvoir sacré,
Et songez qu'un prélat du peuple est révéré.

JEANNE D'ARC.

Oui, quand sa vie est pure aux yeux de tout le monde.

Mais quand il porte une âme, en ruse si féconde,
Quand au lieu d'être bon, doux, charitable, humain,
Il méconnaît son Dieu pour se faire assassin,
Cet évêque n'est plus qu'un apôtre profane
Que l'Église, à regret, et repousse et condamne.

CAUCHON.

Démon que parmi nous les enfers ont vomi!...

JEANNE D'ARC.

Ah! je ne vois en vous qu'un terrible ennemi!...

CAUCHON, *au deuxième juge*.

Vous allez, cher docteur, d'un acte si coupable,
Rédiger, sous ses yeux, le procès véritable.
Écrivez, et, demain, pour la dernière fois,
Le tribunal sera convoqué par ma voix ;
Jugera, devant Dieu, la triste prisonnière
Qui sera condamnée et traitée en sorcière.

Le deuxième juge se met à table, écrit le procès-verbal : à chaque ligne qu'il trace, il porte sur Jeanne un regard sévère et scrutateur, l'indignation est peinte dans les yeux d'Isambard qui regarde le juge avec dédain.

JEANNE D'ARC.

Prends pitié d'un évêque au cœur si dépravé,
O mon Dieu!... faut-il donc qu'un prêtre réprouvé,
L'opprobre des humains, trahissant l'innocence,
Exerce contre moi la ruse et la vengeance !
Faut-il que, méprisant, profanant tes bienfaits,
Qu'oubliant ses devoirs, souillé de ses forfaits,
Ce prélat sans vertus, ce ministre parjure
Blasphème ton saint nom! Eh bien! je t'en conjure,
De ce prêtre imposteur, pardonne avec bonté
Et son mensonge impie et son iniquité.

CAUCHON.

Ne priez pas pour moi ; priez pour vous, madame,
Songez, oui, songez bien au salut de votre âme.
Je vois déjà du ciel l'inflexible courroux
Vous frapper à mes yeux et retomber sur vous.

LE DEUXIÈME JUGE, *se levant*.

Voilà, seigneur, voilà le procès authentique.

CAUCHON.

Eh bien! pour confirmer son fait diabolique,
Nous allons, l'un et l'autre, apposer notre nom
Au bas de ce papier écrit dans sa prison.

L'évêque prend la plume et signe le premier, ensuite les deux juges, Warwick, les deux soldats. Isambard les regarde dédaigneusement, puis le dernier, affectant de vouloir le signer à son tour, il prend le papier et le lit des yeux.

ISAMBARD, *à Cauchon*.

Moi! d'une trahison, je me rendrais coupable!
Moi! je vous signerais cet acte abominable!
Je jouerais avec vous le rôle d'assassin,
Et j'aurais à rougir d'un criminel dessein.
Moi! j'oserais tromper l'innocence en alarmes!

Déchirant le papier avec colère.

Jamais!...

WARWICK, *tirant son épée*.

Son sang!... sa mort!...

ISAMBARD, *ouvrant sa robe, laisse voir, sur sa poitrine, un crucifix en ivoire blanc.*

Frappez, voilà mes armes!

Tous s'inclinent respectueusement devant Isambard, et le rideau tombe.

TROISIÈME ACTE

Le théâtre représente la salle du palais de justice, portes latérales à droite et à gauche. Les juges en robe sont à leurs bancs : au lever du rideau, un silence de cinq minutes règne dans la salle, pendant lequel les uns lisent quelques papiers et les autres écrivent. Jeanne d'Arc, en habits de guerre, l'épée au côté, est introduite par deux soldats anglais, qui entrent par la porte de droite. Il la font asseoir sur un banc en face du président, puis se tiennent debout derrière elle, Isambard quitte sa place et va s'asseoir à côté de Jeanne d'Arc.

SCÈNE PREMIÈRE.

LE TRIBUNAL, JEANNE D'ARC, SOLDATS,
LE BAILLI DE ROUEN.

LE PRÉSIDENT, *à Jeanne d'Arc.*
Jurez de dire ici la pure vérité.
JEANNE D'ARC, *se levant.*
Jurez, à votre tour, d'observer l'équité.
LE PRÉSIDENT, *d'un ton d'autorité.*
Jeanne, au lieu de répondre avec impolitesse,
Vous feriez beaucoup mieux d'inspirer la tendresse.
Répondez avec calme, et sachez respecter
Vos juges qu'en ces lieux vous devez écouter.

JEANNE D'ARC.

Mais je me crois en droit d'invoquer la justice
Quand d'un traître inhumain je connais l'artifice.
Quand un perfide évêque, objet de tant d'horreur,
M'a déjà condamnée au pain de la douleur.
Prisonnière de guerre, et non point criminelle,
J'aurais cru mériter sa bonté paternelle.
Mais non, non, ce prélat cruel et sans pitié,
Ne m'a jamais montré que de l'inimitié.

L'apercevant à côté du président.

Ciel! le voilà!... c'est lui; je le vois à sa place!
Quel regard! sur son front ne voit-on pas l'audace?
Je tremble à son aspect.

CAUCHON.

Si mon regard sur vous
Vous fait ainsi trembler et pâlir devant nous,
C'est que, pour vous punir, en cet instant suprême,
Le ciel, avec rigueur, vous frappe d'anathème.
Songez qu'au nom d'un Dieu qui veille sur mes jours,
D'un Dieu qui me dirige et m'inspira toujours,
De ce Dieu qui, d'en haut, vous parle par ma bouche,
Je vous viens dénoncer sur un fait qui vous touche.
Quoi! vous osez encor, parjure à vos serments,
Vous montrer à nos yeux avec ces vêtements!
N'aviez-vous pas juré, sur la foi de votre âme
De ne plus revêtir que vos habits de femme?
Oui, vous l'aviez promis!... Eh bien! le tribunal
Ne saurait voir en vous qu'un esprit infernal.

JEANNE D'ARC.

Seigneur, à mon serment je ne suis point parjure,
M'en accuser ici, c'est me faire une injure.

3.

CAUCHON.
Venez-vous nous braver !... ces habits devant nous....
JEANNE D'ARC, *l'interrompant.*
Ce crime, Dieu le sait, doit retomber sur vous.
CAUCHON.
Sur moi !... sur votre juge !...
JEANNE D'ARC.
Oui, seigneur, sur vous-même,
De toute la hauteur de votre noir blasphème.
Je connais votre intrigue et votre cruauté,
Souffrez que je m'explique en toute liberté :
Un homme m'a tout dit... Et, sur votre conduite,
Je suis, croyez-moi bien, parfaitement instruite...
Vous couvez dans votre âme un sinistre dessein !
Eh quoi ! le tribunal vous reçoit dans son sein !...
CAUCHON, *d'un ton menaçant.*
Modérez vos discours, Jeanne, et sur votre vie,
Abstenez-vous ici de toute calomnie.
JEANNE D'ARC.
Ne m'interrompez pas ; laissez-moi vous parler
De vos honteux forfaits que je veux dévoiler.
La plainte m'est permise, et vous devez entendre
La femme qui vous parle et cherche à se défendre :
Bedfort, ce chef anglais, honteux de mes succès,
Honteux d'être battu par nos soldats français,
Bedfort, dont je connais la haine enracinée,
Peu content de me voir au cachot condamnée,
S'emporte contre vous... Et, ce fier chevalier
Voudrait me voir livrer au pouvoir séculier.
Pour vous, tout est facile et rien ne vous arrête.
Eh bien ! que faites-vous ? Vite, une intrigue est prête ;

Vos ordres sont donnés, et vous avez en mains,
Pour les exécuter, des gardes inhumains.
Oui, seigneur, vos suppôts qu'un zèle aveugle enflamme
M'ont pris, en votre nom, mes vêtements de femme.
Osez me démentir; osez au tribunal,
Me traiter de parjure et d'esprit infernal!...
Quoi! ministre d'un Dieu de paix et de clémence,
D'un Dieu qui nous pardonne et l'injure et l'offense;
D'un Dieu qui vous prescrit la douceur, la bonté,
Vous ne rougissez pas de votre iniquité!

En ce moment, le premier gardien, ayant sous son bras une longue robe noire, entre de droite.

CAUCHON.

Ah! c'est un vrai démon! cette femme hautaine...

SCÈNE DEUXIÈME.

LES MÊMES, *plus* LE PREMIER GARDIEN.

LE PREMIER GARDIEN.

Seigneur, de lui répondre épargnez-vous la peine.
Oui, cette Jeanne d'Arc, ce limon des enfers,
Vingt fois pour s'évader, et pour briser ses fers,
A fait tous ses efforts... Mais notre vigilance
Etait un sûr garant de notre surveillance.
Nous l'observions de près, et pour nous échapper,
Il n'était nul moyen de pouvoir nous tromper.

Déployant la robe noire devant les juges.

Tous les moyens par elle étaient mis à l'épreuve.
Cette robe, en mes mains, en est encor la preuve.
Elle en était vêtue alors que, vainement,
Elle essaya de fuir sous ce déguisement.

Oui, seigneur, il est vrai, Jeanne d'Arc est sorcière.
C'est un esprit malin... Quoi! cette prisonnière,
Un jour, il m'en souvient... Mais non, c'était la nuit,
Faisait, dans sa prison, entendre quelque bruit.
J'accours et je la vois de son lit descendue,
Et de ses habits d'homme entièrement vêtue.

Il replie la robe, s'incline devant le président et sort.

SCÈNE TROISIÈME.

LES MÊMES, *moins* LE PREMIER GARDIEN.

JEANNE D'ARC, *se contenant à peine.*

Ciel! soutiens mon courage!... Ah! toute ma raison
S'égare et se révolte à cette trahison!...
Il ne m'a pas donné le temps de lui répondre,
De peur que mon discours ne vienne le confondre.
O vous, juges, docteurs, vous tous, hommes de loi,
Si ce vil imposteur s'est armé contre moi,
Serez-vous moins touchés de mes tristes alarmes?
Me verrez-vous ici les yeux baignés de larmes,
Sans réfléchir enfin, qu'il n'est que les grands cœurs
Qui sentent la pitié que l'on doit aux malheurs!

CAUCHON.

Point de pitié, madame, à quiconque en abuse.
Le tribunal entier avec moi s'y refuse.
Vous avez méconnu, trahi votre serment,
Vous allez en subir le triste châtiment.

JEANNE D'ARC.

Eh bien! seigneur, eh bien! achevez votre ouvrage.
Je préfère aujourd'hui la mort à l'esclavage.

LE PRÉSIDENT, *à Jeanne*.
Vous avez fait au roi des révélations ?
Ce prince, comme vous, eut-il des visions ?
Pensez-vous qu'un monarque ait croyance en un songe
Ou qu'il soit pénétré qu'un rêve est un mensonge ?

JEANNE D'ARC.
Allez lui demander !... ce que je sais du roi,
Loin de le révéler, je le garde pour moi.

LE PRÉSIDENT.
Par un schisme fatal l'Église est divisée.
Eh bien ! sur ce sujet, quelle est votre pensée ?

JEANNE D'ARC.
Le schisme, je l'avoue, est un des grands malheurs..
Mais l'Église, en tout temps, triompha des erreurs.
Hélas ! il est pour elle un mal encor plus triste !

Désignant Cauchon.

Quand je vois des autels le ministre hypocrite,
Refoulant dans son cœur l'esprit de charité,
Déployer contre moi tant de perversité,
Quand je vois cet évêque, armé pour la vengeance,
Ce prélat inhumain, sans âme, sans croyance,
Qui, loin de pratiquer les préceptes moraux,
Se fait, à mes dépens, pourvoyeur de bourreaux ;
Quand, au lieu de prier le Dieu que je contemple,
A blasphémer son nom, il nous montre l'exemple.
Enfin, quand je le vois, dévorant un affront,
Et de fausses couleurs se déguisant le front,
Tout prêt à prononcer l'arrêt de sa victime,
Je m'écrie en mon âme : hélas ! voilà le schisme !

CAUCHON.
Ce langage effronté, devant le tribunal.

Aura le triste effet d'aggraver votre mal.
C'est une arme acérée, une arme meurtrière
Qu'en votre propre sein enfoncez tout entière.
JEANNE D'ARC.
Oui, seigneur, je le sais. Bientôt la France en deuil,
De fleurs et de cyprès entourant mon cercueil,
Dira : c'est un évêque, un prêtre sans croyance,
Un misérable traître, un parjure à la France
Qui, de la mort de Jeanne éteignant le flambeau,
Ferma, sur cette enfant, l'asile du tombeau.
LE PRÉSIDENT, *à Jeanne d'Arc.*
Du Vatican de Rome, un pape vénérable
Gouverne-t-il l'Église en père respectable ?
Aimez-vous ce pontife ?
JEANNE D'ARC.
Un cœur tel que le mien
Sut toujours respecter le père du chrétien.
LE PRÉSIDENT.
On dit qu'un enfant mort, et déjà dans sa bière,
Par vos enchantements revint à la lumière.
JEANNE D'ARC.
Moi ! j'aurais ce pouvoir !... Jamais faible mortel
Ne rappela les morts du séjour éternel.
Consultez l'Écriture, écoutez vos oracles...
A Dieu seul appartient le pouvoir des miracles.
LE PRÉSIDENT, *jetant les yeux sur un papier.*
Enfin, j'ai sous les yeux votre abjuration.
Eh quoi ! vous reniez votre religion !
Et tout votre passé, dans cette procédure,
Se trouve démenti par votre signature !...

ISAMBARD, *se levant gravement.*

D'un mensonge aussi noir justement irrité,
Je dois faire, en ces lieux, parler la vérité :
Deux juges... les voilà !... (faut-il à la mémoire
Conserver le récit de cette horrible histoire !)
Deux juges envoyés par monseigneur Cauchon
Pour interroger Jeanne au sein de sa prison,
Y viennent dans la nuit, la trouvent en prière,
Et, troublant le repos de l'humble prisonnière,
« Nous venons, disent-ils d'une commune voix,
« Instruire ton procès conformément aux lois. »
Aussitôt vers la table enfin l'un d'eux s'avance,
Y dépose un papier déjà tracé d'avance,
S'y place gravement, prend sa plume à la main
Avec la majesté d'un illustre écrivain,
Et, sans perdre de temps, son complice, avec gloire,
Commence froidement son interrogatoire.
Jeanne d'Arc y répond... Puis, d'un air sérieux,
Le juge fait semblant d'écrire sous ses yeux.
Qu'écrit-il ?... Ah cruel ! par cette perfidie,
Il lui fait renier les actes de sa vie !
Tout était préparé pour cette trahison....
Eh bien ! oui, je démens cette abjuration ;
Car je sais qu'à son Dieu Jeanne est toujours fidèle.

LE PRÉSIDENT.

Vous qui la défendez avec un si beau zèle,
Vous qui joignez l'audace à la témérité,
Vous êtes, je le crois, traître à la vérité.

ISAMBARD.

Moi, docteur, moi ! Songez que c'est me faire insulte !
Songez que, comme vous, je suis jurisconsulte.

Songez.... oui, songez bien que, respectant la loi,
Justice, liberté, tout est sacré pour moi!
     LE PRÉSIDENT.
Je ne demande pas qu'un élan si sublime
Nous fasse voir, en vous, tant de patriotisme.
Je demande une preuve; il la faut sans détours,
Il la faut à l'appui de votre long discours.
Allez, expliquez-vous sur cette grave affaire.
Le tribunal écoute; il le faut satisfaire.
     ISAMBARD.
Placé contre la porte à l'heure de minuit,
Écoutant en silence, immobile et sans bruit,
J'ai, jusqu'au dernier mot, et vous pouvez m'en croire,
Suivi le triste cours de l'interrogatoire.
Enfin, sans le vouloir en entier rapporter,
Je vais en dire assez pour me faire écouter :
Je vais, d'un malheureux, d'un traître, d'un perfide,
Vous répéter ici le langage homicide :
« Jeanne d'Arc, lui dit-il, signez-moi cet écrit;
« C'est l'interrogatoire entièrement transcrit.
« Signez; la loi le veut... » Et, d'une main tremblante,
Jeanne prenant la plume, en victime innocente,
Signe enfin sous les yeux de ce juge imposteur
Le triste contenu de son papier menteur.
Aussitôt, transportés d'une cruelle joie,
Ils sortent, laissant là leur innocente proie.
J'étais sur leur passage. Ils ne me voyaient pas.
Mais toujours, d'un peu loin, les suivant pas à pas,
Profitant d'une nuit silencieuse et sombre,
Qui me favorisait et me prêtait son ombre,
J'ai pu, témoin nocturne, entendre les propos

Que prononçaient gaiement ces coupables suppôts :
« Nous avons triomphé de cette créature,
« Se disaient-ils entre eux ; et, par sa signature,
« Elle a, même aux dépens de sa religion,
« Signé, sans s'en douter, son abjuration.
« Ses actes, sa croyance, enfin toute sa vie
« Par un seul trait de plume est à jamais flétrie. »
Eh bien ! docteur, eh bien ! vous ai-je assez prouvé
Que ce honteux rapport est faux et controuvé ?

LE PRÉSIDENT.

Oseriez-vous penser qu'un tribunal si sage,
Pût jamais accueillir un pareil témoignage !
Pour confirmer un fait, vous le savez, du moins,
Il faut qu'il soit prouvé par deux ou trois témoins.
Seul, vous n'inspirez pas toute la confiance
Qu'exige, avec raison, notre jurisprudence.

LE DEUXIÈME JUGE, *au président.*

Le discours d'Isambard est un discours menteur,
Et son faux témoignage attaque mon honneur.
Quoi ! m'accuser ici de faux en écriture !

ISAMBARD, *avec autorité.*

Oui, vous avez trompé cette humble créature !
Oui, vous l'avez contrainte en invoquant la loi !
J'entends encor ces mots : « Signez donc devant moi !
« Signez sans hésiter ce que je viens d'écrire. »
Mais je m'arrête ici : j'en aurais trop à dire....

JEANNE D'ARC, *au président.*

Isambard a dit vrai ; j'en atteste les cieux.
Non, je n'ai point commis cet acte audacieux.
Dieu sait ce que j'ai fait ; Dieu seul m'a tout fait faire.
Je le ferais encor s'il était à refaire.

ISAMBARD, *au tribunal.*

O vous, sages docteurs, devant l'Être éternel
Vous allez prononcer votre arrêt solennel!
Montrez au monde entier qu'ici votre grande âme
Saura prendre en pitié cette innocente femme!...
En lui rendant justice, avec humanité,
Vous vous ferez un nom dans la postérité.

CAUCHON.

N'allez pas abuser des dons de la parole,
Ni jouer en ces lieux un misérable rôle.

ISAMBARD.

Mon rôle!... mais seigneur, qui ne le connaît pas?
On sait que je défends l'innocence ici-bas.
On sait que je combats pour la triste victime,
Que seule la justice en sa faveur m'anime.
Mon rôle!... c'est le droit, c'est cet ardent amour
Qui voudrait ravir Jeanne aux griffes du vautour.
Je défends l'héroïne, en mon cœur révérée,
Je défends une cause et sublime et sacrée.
Que serions-nous, sans elle? esclaves des Anglais,
Perdant, avec nos biens, nos titres de Français,
Gouvernés par les lois d'un prince britannique
Et courbés sous le joug d'un pouvoir despotique.
Oui, nous eussions perdu toutes nos libertés!
Nous eussions vu l'Anglais, fier de ses cruautés,
Envahir nos foyers, assassiner nos frères,
Massacrer nos enfants sur le corps de leurs pères,
Renverser nos autels, égorger nos vieillards
Et n'être plus chez nous qu'un peuple de pillards.
O docteurs! la patrie, au premier cri d'alarmes,
Veut voir tous ses enfants accourir sous les armes!

Veut voir ses magistrats quittant leurs tribunaux,
Le laboureur des champs suspendant ses travaux,
Les juges, les prélats et le vieux solitaire
Revêtant du soldat le noble caractère,
Voler au champ d'honneur, en vaillants défenseurs,
Et chasser de son sein ses cruels oppresseurs !...
Eh bien ! à ce grand cri, promptement accourue,
Jeanne a laissé son père aux bras de sa charrue ;
Et, prenant sur l'autel le glaive des combats,
Se place, avec courage, en tête des soldats ;
Puis bravant des Anglais le fer et la mitraille,
Monte sur son coursier et leur livre bataille ;
Se couronne à leurs yeux de gloire et de succès,
Et sauve sa patrie et l'honneur des Français !
Qui pourrait, parmi vous, ne pas porter envie
A celle qui sut vaincre au péril de sa vie ?
Quel juge, quel docteur, ému d'un tel procès,
Oserait livrer Jeanne au courroux des Anglais ?
Il n'en est pas un seul, ou du moins je l'espère,
Qui voudrait se souiller par cet acte sévère.

      JEANNE D'ARC, *au président.*

Ah ! docteur, de ma mère, oui de ma mère en pleurs,
Dans mon cœur attendri je ressens les douleurs !
Je l'entends qui m'appelle en essuyant ses larmes :
« Ah ! reviens dans les bras de ta mère en alarmes !
« Tout me retrace ici ton image à mes yeux...
« Je crois encor t'entendre et te voir en ces lieux.
« Ce ruisseau murmurant, cette claire fontaine ;
« Ces bois, ces prés, ces champs, ces coteaux, cette plaine,
« Et ton fidèle Oscar, compagnon du berger,
« Tout enfin, sur ton sort, semble m'interroger !...

« Viens ; ton malheureux père, en cultivant nos terres,
« Les trempe chaque jour de ses larmes amères.
« Viens ; Domremy t'attend!... Heureux de te revoir
« Juge avec quelle joie il te va recevoir!... »
Voilà, docteur, voilà le cri de la nature.
Seriez-vous insensible aux peines que j'endure ?

Elle pleure. Une émotion pénible se peint sur le visage des juges, Cauchon seul est insensible.

LE PRÉSIDENT.

Ah ! Jeanne, je voudrais pouvoir vous libérer,
Et vous dire : sortez, et cessez de pleurer.

JEANNE D'ARC.

Ah ! je pleure, oui je pleure, et mon âme ulcérée
Ne pense, en ce moment, qu'à ma mère éplorée.
Je pleure... Mais non, non, je ne crains pas la mort !
Je suis prête à subir mon misérable sort.
J'ai su verser mon sang pour sauver ma patrie
Et je saurai mourir sans regretter la vie :
Mais je regretterai les lieux chers à mon cœur
Où de parents chéris je goûtais la douceur ;
Un père qui m'aimait, une mère estimée,
Un frère généreux, une sœur bien-aimée,
Tous mes amis enfin....

ISAMBARD.

        Vous les reverrez tous,
Car le saint tribunal aura pitié de vous.
Déjà je crois le voir, guidé par sa sagesse,
Plein de respect pour vous et pour votre jeunesse.

SCÈNE QUATRIÈME.

LES MÊMES, LA FEMME DU PEUPLE.

LA FEMME, *pâle, tremblante, entre de droite, et va serrer la main de Jeanne; puis s'adressant au président.*

Ah docteur! qu'ai-je vu!... quel spectacle odieux!....
Un énorme bûcher s'est offert à mes yeux!
Cet échafaud sanglant est dressé sur la place
Par des bourreaux anglais au regard plein d'audace,
Et le peuple en fureur et pâle de courroux,
Menace de tomber sur l'évêque et sur vous!
Prenez garde!... le peuple est semblable au tonnerre
Qui tombe avec fracas et fait trembler la terre...
Déjà, près du bûcher, un homme à long manteau
Voudrait arracher Jeanne aux mains de son bourreau.
On ne peut plus douter de l'horrible sentence
Dont Bedford, par l'évêque, est prévenu d'avance.
Le peuple ouvre les yeux; et rien n'est ignoré...
Quoi! le fatal bûcher d'avance est préparé!
Et pour mieux colorer la honte de son crime
Cet évêque, aux bourreaux, a promis sa victime;
Et nous verrons demain ce prêtre criminel,
Ce prélat malheureux remonter à l'autel!...

CAUCHON.

Sortez de cette enceinte, entendez-vous, madame!

LA FEMME DU PEUPLE, *lui montrant Jeanne.*

Et vous, sacrifiez cette innocente femme!...

LE PRÉSIDENT, *à la femme du peuple.*

Enfin, vous n'avez rien, rien à nous demander?

Vous veniez donc ici pour nous intimider !
Allez, retirez-vous.

LA FEMME DU PEUPLE, *serrant la main de Jeanne.*

Pauvre Jeanne! vos larmes
N'auraient pas dû couler après vos beaux faits d'armes!

Elle sort en donnant à Cauchon un coup d'œil sévère.

SCÈNE CINQUIÈME.

LES MÊMES, *moins* LA FEMME DU PEUPLE.

ISAMBARD, *aux juges.*

Oui, Jeanne fut guerrière, et, sans trembler d'effroi,
Sut relever un trône en faveur de son roi.
Sut, devant Orléans, de son bras invincible,
Chasser, de tous nos forts, un ennemi terrible.
Ah! quand un général, un guerrier, un héros,
Un prince infatigable, ennemi du repos,
Se pare, avec orgueil, des fleurs de la victoire,
Tout le peuple, à l'envi, veut exalter sa gloire!
La France l'applaudit, le traite de sauveur,
Admire son génie, honore sa valeur,
Vante ses grands talents, et, dans plus d'une ville,
On le compare enfin à l'invincible Achille.
Pourquoi lui refuser ces titres, cet honneur,
Que vous décerneriez au général vainqueur?
N'a-t-elle pas d'un roi fait triompher l'armée?
Et d'un héros vainqueur la même renommée?
Eh quoi! ses ennemis, la vouant à la mort,
Attendent qu'en leurs mains vous remettiez son sort,
Et même, en ce moment, prêts pour le sacrifice,
Heureux d'avoir construit l'instrument du supplice,

Tels que des ours, des lions tourmentés par la faim,
Vont faire, de leur proie, un horrible festin !...
O juges ! devant Dieu, cette enfant jeune encore,
Au nom de sa patrie, avec moi, vous implore !
Songez à votre honneur ; songez que nés Français,
Vous ne pouvez ici la livrer aux Anglais.
Que le respect des lois, ce sentiment sublime,
Au cœur d'un magistrat doit être légitime !
Allez, prononcez-vous, et sans autres discours,
Rendez la triste enfant aux auteurs de ses jours.

LE PRÉSIDENT, *à Jeanne*.

Jeanne, si vous croyez qu'en plaidant votre cause,
Votre ardent défenseur ait omis quelque chose,
Vous pouvez ajouter, nous dire en quelques mots,
Tout ce que vous pensez et jugez à propos ;
Parlez.

JEANNE D'ARC.

Mon défenseur que vous venez d'entendre
Et que le tribunal, sans doute, a pu comprendre,
Au nom de la justice et de la vérité,
Vous demande, avec moi, ma mise en liberté.
Il faut, sans hésiter, rendre à sa pauvre mère
La fille infortunée à son cœur toujours chère.
Surtout, n'oubliez pas qu'aux yeux de l'univers,
Ma mort peut aux Anglais créer mille revers,
Armer la nation qui, marchant tout entière,
Jurera de venger la mort de la guerrière ;
Chassera, de son sol, la horde d'oppresseurs
Dont la présence en France a causé mes malheurs.
Accordez-moi la vie, et j'irai chez mon père
Reprendre le métier de la pauvre bergère.

CAUCHON, *au tribunal.*

Le tribunal suprême eût été plus heureux
De pouvoir prononcer un arrêt généreux ;
De dire à Jeanne d'Arc: « Tu n'es plus prisonnière,
« Tu peux, en liberté, rentrer dans ta chaumière. »
C'eût été pour le juge un bonheur sans égal !...
Mais il est un devoir pour le saint tribunal,
Un devoir rigoureux commandé par l'Église,
Qui veut que l'on condamne une femme insoumise.
J'ai vu, j'ai consulté nos docteurs éclairés ;
J'ai lu, relu vingt fois tous nos livres sacrés ;
Puis, invoquant du ciel l'ineffable lumière,
Dont nous avons besoin pour juger la guerrière,
J'ai voulu voir encor nos grands théologiens,
Et nos législateurs, et tous nos praticiens.
Tous ont été d'avis que Jeanne est hérétique
Et porte, sur son sein, la marque satanique.
Ses faits, sa hardiesse à vouloir tout braver ;
Son abjuration est là pour le prouver !
Non, cette Jeanne d'Arc, du démon possédée,
N'obtiendra pas ici la faveur demandée !
L'Église nous défend de mettre en liberté
La femme qui de Dieu méconnaît la bonté.

JEANNE D'ARC, *au désespoir.*

O ciel ! de cet évêque outrageant la nature,
Confonds, confonds l'audace et l'infâme imposture !
Ce profane menteur irait, même au saint lieu,
Renier son Sauveur et mentir à son Dieu !...

CAUCHON.

Jeanne, d'autorité, je vous force au silence.

Au président.

Et maintenant, docteur, lisez-lui sa sentence.

LE PRÉSIDENT, *se levant solennellement, prend une feuille de papier et lit la sentence à haute voix.*

Attendu qu'au mépris d'un premier jugement,
Jeanne a trahi sa foi, violé son serment ;
Attendu qu'il est vrai que cette prisonnière
Est vraiment apostate, hérétique et sorcière ;
Que cette misérable est un esprit malin,
Un démon déchaîné funeste au genre humain ;
Attendu, qu'à nos yeux, ce démon redoutable,
Du crime d'hérésie est reconnu coupable,
L'Église, de son sein, la rejette à l'instant.

ISAMBARD.

Et voilà pour l'Anglais un triomphe éclatant !

LE PRÉSIDENT, *à Jeanne d'Arc.*

Jeanne, au bras séculier vous voilà condamnée,
Et Bedford, en ses mains, tient votre destinée.

CAUCHON, *d'un air content, à Jeanne.*

Vous verrez si l'Anglais est plus humain que nous !

JEANNE D'ARC.

Ah ! l'Anglais, pour me perdre, attendait tout de vous !
Oui, bourreau d'une femme et vertueuse et sage,
Au Dieu des innocents vous prodiguez l'outrage !
C'est vous qui, par l'intrigue, avez forgé mes fers,
Vous dont la cruauté fait frémir les enfers.
Mais votre nom maudit, honteux à la patrie,
N'est déjà plus qu'un nom tout couvert d'infamie...

En ce moment Dunois affublé de son long manteau, visière baissée, entre vivement de droite et court serrer la main de Jeanne.

SCÈNE SIXIÈME.

LES MÊMES, DUNOIS.

DUNOIS, *à Jeanne.*

Montrez-moi cet évêque, il faut que, trait pour trait,
Je copie, en ces lieux, son sinistre portrait.

JEANNE D'ARC, *le désignant du doigt.*

Le voilà !

DUNOIS.

Lui !

JEANNE D'ARC.

Lui-même.

DUNOIS, *regardant Cauchon d'un air sévère.*

Eh bien ! oui, sa figure
Me paraît, en effet, de bien mauvais augure !...

Dunois tire de sa poche un crayon et un large calepin, puis se met à dessiner en silence en regardant Cauchon. Les juges, tout étonnés, ont les yeux fixés sur lui. — Parlant, et à Cauchon.

Je te tiens, Belzébut ; je te tiens sous ma main ;
J'ai fini d'esquisser ton visage inhumain.
Jamais type à mes yeux ne s'offrit plus bizarre !...
C'est bien là le regard et le front d'un barbare !
Je veux que ton portrait, au peuple présenté,
Redouble encor l'horreur de ta perversité ;
Et que, contre toi-même, excitant sa vengeance,
Il le pousse, il l'anime à sauver l'innocence.

SCÈNE SEPTIÈME.

LES MÊMES, LE GEÔLIER, *sans son trousseau de clefs.*

LE GEÔLIER, *entrant vivement de droite et courant s'incliner devant Dunois.*

Seigneur, des espions qui vous ont reconnu

Vont s'emparer de vous, et j'en suis prévenu !
Sortez, éloignez-vous, et surtout rendez grâce
A votre serviteur qui sait ce qui se passe.

DUNOIS, *d'un air inquiet, cachant son crayon et son calepin, puis serrant de nouveau la main de Jeanne d'Arc.*

Pauvre Jeanne ! courage, espérez, calmez-vous.
De tous vos ennemis Dieu suspendra les coups.

il sort avec le geôlier en lançant un coup d'œil sévère sur Cauchon.

SCÈNE HUITIÈME.

LES MÊMES, *moins* LE GEÔLIER ET DUNOIS.

CAUCHON, *à Jeanne.*

Vous connaissez cet homme et celui qui le guide ?
S'ils trament, contre moi, quelque projet perfide,
Souvenez-vous, madame, et ne l'oubliez pas,
Que, méprisant leurs coups, je ne les craindrai pas,
Et qu'agissant toujours selon ma conscience,
Je ne crains ni complot, ni haine, ni vengeance.

LE BAILLI DE ROUEN, *tristement à Jeanne.*

Je représente ici le tribunal anglais,
Jeanne...

JEANNE D'ARC.

Que dites-vous !... n'êtes-vous pas Français ?

LE BAILLI DE ROUEN, *très-ému.*

Hélas !

JEANNE D'ARC.

De ce soupir que faut-il que j'augure ?

LE BAILLI DE ROUEN.

Que vous allez mourir pour crime de parjure.

JEANNE D'ARC, *avec explosion*.

Mourir!...

LE BAILLI DE ROUEN.

Oui, pauvre Jeanne!

JEANNE D'ARC.

Ah! malheureux Bedford!
Je te lègue en mourant l'opprobre de ma mort!

Elle tombe à genoux: aussitôt un soldat lui donne un crucifix qu'il tire de sa poche: Jeanne le presse sur ses lèvres.

Mon Dieu, ma dernière heure est-elle donc sonnée!

LE BAILLI, *essuyant ses larmes*.

Soldats, emmenez-la!...

JEANNE D'ARC, *se relevant*.

Cruelle destinée!

Les deux soldats l'emmènent tristement et le rideau tombe.

QUATRIÈME ACTE

Le théâtre représente un parvis, l'église est au fond, le portail fait face au public, rues aboutissantes de droite et de gauche. Au lever du rideau, on voit les deux soldats faisant faction devant la porte de l'église, et quelques curés qui, tristes et sans parler, arrivent de droite, traversent la scène et entrent dans le saint lieu.

SCÈNE PREMIÈRE.

LES DEUX SOLDATS.

LE PREMIER SOLDAT, *donnant la main à son ami.*
Cher ami ! tu le sais !... par ce fatal chemin,
Jeanne d'Arc va venir à l'office divin !
L'évêque a bien voulu que cette pauvre femme
Vint au pied des autels recommander son âme.
L'évêque ! ce prélat m'inspire tant d'horreur
Qu'en prononçant son nom je sens faiblir mon cœur.
Hélas ! lui qui pouvait, de sa main si puissante,
Remettre en liberté cette jeune innocente ;
Lui, le dépositaire et maître de son sort,
Sera le seul coupable et l'auteur de sa mort !...
Au lieu d'avoir le cœur d'un prêtre charitable,
Il n'a que les instincts d'un traître misérable !...

En ce moment quelques femmes traversent la scène
en essuyant leurs larmes et entrent dans l'église
sans parler.

LE DEUXIÈME SOLDAT.

Ah ! j'ai vu le bûcher !... Oui, ce supplice affreux
Rendra le nom anglais à jamais odieux !
Pauvre Jeanne ! subir la mort la plus horrible !

LE PREMIER SOLDAT.

La plus épouvantable !... Ah ! cet arrêt terrible
Est un arrêt injuste, un arrêt monstrueux ;
Un acte sanguinaire, indigne et malheureux !
Bedford, il est bien vrai, conserve la mémoire
Des revers d'Orléans funestes à sa gloire ;
Mais doit-il s'en venger ?...

LE DEUXIÈME SOLDAT.

                Nous sommes ses soldats,
Toujours prêts à marcher, à le suivre aux combats ;
Mais, qu'il le sache bien, d'un chef inexorable
Nous condamnons ici la conduite exécrable.
Quoi ! pour être soumis à son autorité,
Nous devrions respecter, bénir sa cruauté ;
Non, non ; l'enfant flétrit le meurtre de son père !...
Pourquoi de ce Bedford, de ce chef si sévère,
Le soldat généreux, jaloux de son honneur,
Ne flétrirait-il pas les actes de rigueur !

SCÈNE DEUXIÈME.

LES DEUX SOLDATS, LA FEMME DU PEUPLE.

LA FEMME DU PEUPLE, *un panier au bras.*

Eh bien ! voilà l'Anglais au comble de sa joie !
Vous allez immoler votre innocente proie.
Mais ce n'est pas, croyez-le, un grand succès pour vous.
Son ombre, après sa mort, pourra vous chasser tous.

LE PREMIER SOLDAT.

Sachez mieux nous juger, et croyez-bien, madame,
Que le malheur de Jeanne a déchiré notre âme.
On peut être un Anglais, ne vous y trompez pas,
Et condamner l'horreur d'un si cruel trépas.

LA FEMME DU PEUPLE.

Pauvre Jeanne! mourir, et mourir innocente!

LE PREMIER SOLDAT.

Ah! si ma faible main était assez puissante,
Vous la verriez, madame, en cet instant cruel,
Renverser à vos yeux le bûcher criminel!
Vous verriez ses débris dispersés sur la terre
Frapper d'étonnement l'orgueilleuse Angleterre.
Oui, je voudrais ravir à ses cruels bourreaux
Celle qui combattit et vainquit en héros.

LA FEMME DU PEUPLE.

Ah! sur son triste sort combien de cœurs gémissent!
Combien de vrais Français en ce moment frémissent!
Des mères, des enfants, en proie à leurs douleurs,
Font entendre partout des sanglots et des pleurs!
Mais quelle est donc la main puissante et protectrice
Qui pourrait l'arracher à ce cruel supplice?
Sa mère, dans Rouen, vient enfin d'arriver.
Elle veut du bûcher à tout prix la sauver.
Le peuple en sa faveur, ce peuple qui petille,
Qui vénère et chérit cette estimable fille,
Est prêt à s'insurger... Peut-être qu'en ces lieux
Il osera tenter un coup audacieux,
Et prouver à Bedford que d'une main hardie
Il pourra ravir Jeanne et lui sauver la vie...

LE DEUXIÈME SOLDAT.

Ah! madame! Bedford est un prince inhumain!
S'insurger contre lui, c'est s'insurger en vain.
Songez que son armée, à Rouen rassemblée,
Par ses soins prévoyants peut être redoublée.
Songez que des Anglais les bataillons nombreux
Verraient les insurgés échouer devant eux.
Une insurrection, fût-elle bien conduite,
Sous les coups de Stafford serait bientôt réduite.

LA FEMME DU PEUPLE *pose son panier à terre, puis en tire une bouteille de vin et deux verres et leur verse à boire.*

Je vois que la franchise est peinte dans vos yeux.
Eh bien, buvez un coup de ce vin généreux.
Je ne puis qu'admirer ce sentiment sublime
Qui vous fait plaindre ici le sort de la victime.

Ils boivent d'un seul trait et rendent leur verre à la femme qui les remet dans son panier avec la bouteille.

LE DEUXIÈME SOLDAT.

Oui, nous plaignons, madame, oui, nous plaignons son sort,
Car Jeanne n'a rien fait pour mériter la mort.
Je dois à la guerrière, il faut bien vous le dire,
Je lui dois, Dieu le sait, le jour que je respire :
Au milieu du carnage et d'un combat sanglant,
Tombé parmi les morts sur un homme expirant,
Jeanne me recueillit, fit panser ma blessure,
Me prouva, par ses soins, sa bonté la plus pure;
Et, souvent près de moi, cet ange si divin,
Savait, par ses discours, adoucir mon chagrin.
Ah! qui ne l'a pas vue, après ses beaux faits d'armes,

Prier pour tous les morts et répandre des larmes !
Qui pourrait oublier ses sublimes vertus,
Et la tendre pitié qu'elle eut pour les vaincus !
« Faut-il, s'écriait-elle, oser parler de gloire,
« Quand il faut tant de sang pour prix de la victoire !
« Quand on voit ses soldats, mortellement blessés,
« Expirer tout sanglants par centaine entassés ! »
Mais si ce sang versé la rendait si timide,
Du moins, dans les combats, elle était intrépide.
Ni dangers ni périls ne pouvaient l'arrêter...
Fière, sur son coursier, elle osait tout tenter.
Enfin ma guérison, un beau jour obtenue,
Jeanne vint me trouver ; et, d'une voix émue,
Me dit : « Va, maintenant, retourne à tes Anglais ;
« Mais souviens-toi de Jeanne et de ses grands bienfaits
« Tu diras à Bedford que, mordant la poussière,
« Tu fus, heureusement, sauvé par la guerrière,
« Et que pour lui prouver ma générosité,
« Je te renvoie au camp en toute liberté. »
Et demain !... oui, demain, pendant le sacrifice,
Au pied de son bûcher nous serons de service !
Et devant, à ce poste, obéir en soldats,
Nous allons, à ses yeux, paraître des ingrats.
Nous devrons, malgré nous, respectant la consigne,
Nous montrer satisfaits de cet honneur insigne !
Peut-être verrons-nous, en ces lieux pleins d'horreur,
Une femme éperdue, une mère en fureur,
Réclamer à grands cris sa fille infortunée,
Son enfant qu'à périr Bedford a condamnée.
Nous verrons cette mère au pied de ce bûcher,
Et des bras d'une enfant nous devrons l'arracher !

Puis de l'exécuteur favorisant l'office,
Nous devrons nous prêter à ce grand sacrifice !
Plaignez-nous donc, madame, et voyez la douleur
En ce triste moment déchirant notre cœur !...

La femme du peuple leur serre la main, et sort en pleurant, et les deux soldats essuient leurs larmes en silence.

SCÈNE TROISIÈME.

LES DEUX SOLDATS, CAUCHON.

CAUCHON, *entrant de droite sans voir les soldats.*
De cet homme au manteau quel est donc le mystère ?
Est-ce un agent secret ? est-ce un homme de guerre ?
Est-ce un des généraux de ce roi dissolu
A sortir des plaisirs maintenant résolu ?
Est-ce ce Charles Sept ? Non ! son ingratitude
Le retient loin d'ici... Mais mon inquiétude,
Depuis quelques instants, pour me mieux tourmenter,
Me montre dans cet homme un homme à redouter.
Que veut-il ? je le sais, ou plutôt je le pense ;
Il voudrait sauver Jeanne et la rendre à la France.
La tâche est périlleuse !... Et l'Anglais a les yeux
Fixés sur ce fantôme assez mystérieux.

Apercevant les soldats.
Eh bien ! vous voilà fiers du succès de vos armes !

LE DEUXIÈME SOLDAT.
Ah ! seigneur !

CAUCHON.
Achevez ! Quoi ! vous versez des larmes !
Votre joie est trop grande et produit, je le voi,

L'effet que bien souvent elle a produit sur moi.
Enfin c'est donc demain le jour du sacrifice.
LE DEUXIÈME SOLDAT.
Et nous serons présents à ce cruel supplice !...
CAUCHON.
Oui, nous vous y verrons, les armes à la main,
Éloigner les suspects du sacrifice humain.
Allez vous reposer, allez, je vous l'ordonne.
LE DEUXIÈME SOLDAT.
Hélas ! nous donnerions l'empire et la couronne...
CAUCHON.
Pour voir cette hérétique, objet de votre horreur,
Au faîte du bûcher expier son erreur.
LE DEUXIÈME SOLDAT.
Pour la voir...
CAUCHON.
   Mais d'où vient, d'où vient cette tristesse ?
Allez, de votre cœur je connais la noblesse !...

Ils sortent par la droite, l'évêque les accompagne, au même instant l'homme au manteau entre de gauche, court à l'évêque et le ramène en scène, par le bras.

SCÈNE QUATRIÈME.

CAUCHON, L'HOMME AU MANTEAU.

L'HOMME *au manteau.*

Je vous retiens ici !... Vous n'irez pas plus loin ;
Il faut que je vous parle un moment sans témoin ;
Écoutez-moi : l'évêque établi sur la terre
Pour prêcher la morale et nous servir de père
A-t-il reçu du ciel la triste mission
De profaner l'autel par tant de trahison ?

Dieu lui commande-t-il d'exercer la vengeance
Sur l'ange généreux qui sut sauver la France ?...
Vous ne répondez pas !... Je répondrai pour vous :
Le prêtre, qu'un pouvoir établit parmi nous,
Doit être aussi pieux que son saint ministère,
Et ne doit point souiller son sacré caractère ;
Doit enseigner le bien, aimer la vérité,
Et répandre sur nous l'esprit de charité ;
Doit, enfin, du Seigneur interprète suprême,
Ne faire, en le servant, que sa volonté même.

Lui montrant l'église.

Que dira-t-on de vous, lorsque, dans ce saint lieu,
Vous ferez faux-semblant d'y servir votre Dieu ?
Et que, pour condamner et flétrir l'hérésie,
Vous montrerez un front couvert d'hypocrisie ?
Misérable !... on dira... Ne l'entendez-vous pas ?
Que loin de pratiquer la morale ici-bas,
Que loin de nous prêcher le pardon, la concorde,
Vous êtes le premier à souffler la discorde,
Et qu'au lieu de servir la cause des Français,
Livrez Jeanne au bûcher pour complaire aux Anglais!

CAUCHON.

Et voilà la leçon que vous me venez faire !...
Retirez-vous de moi, fantôme téméraire !
Je ne discute pas avec un inconnu.

L'HOMME *au manteau*.

Eh bien ! il me faut Jeanne ou vous serez perdu !

CAUCHON.

Perdu !... moi !... mais comment ?

L'HOMME *au manteau*.

Ah ! vous allez l'apprendre :

Au signal convenu que je vais faire entendre,
Vingt hommes courageux, prêts à me seconder,
Vont, comme des lions, en ces lieux déborder.
Et sans perdre de temps, ces aides pleins d'audace
Sauront vous emporter bien loin de cette place ;
Puis, dans un noir cachot, humide et ténébreux,
Y jeter aussitôt l'évêque audacieux !...

CAUCHON.

Que dites-vous ?

L'HOMME *au manteau*.

Plus rien... Comprenez mon silence.
Un refus, songez-y, serait une imprudence.
Je viens du camp français, et j'ai dit en partant
Que je la ravirais par un fait éclatant...
Eh bien ! que pensez-vous ?

CAUCHON.

Je songe... j'envisage...

L'HOMME *au manteau*

Il serait plus prudent de prévenir l'orage.

L'ÉVÊQUE.

Mais votre Jeanne d'Arc n'est plus en mon pouvoir,
De vous la rendre enfin je n'ai qu'un faible espoir.
Je veux bien, cependant, cédant à votre envie,
Faire tous mes efforts pour lui sauver la vie.
Je vais tromper Bedford sous les yeux du bourreau.
Mais je veux vous connaître... Otez votre manteau.

L'HOMME *au manteau*.

J'y consens ; mais avant, sur la foi d'un bon prêtre,
Jurez-moi devant Dieu de n'être pas un traître.

CAUCHON, *levant la main*.

Je le jure, et le ciel, arbitre de mes vœux.

Le ciel qui nous entend et nous voit en ces lieux,
Qui, dans mes actions, toujours me favorise,
Me fera triompher dans ma grande entreprise.

L'homme se dirige vers l'église, et après avoir posé son manteau sur le côté gauche du portail, il revient en scène visière relevée.

Le général Dunois !... Je m'en étais douté !...
Ah ! votre dévouement doit être respecté !
Je cours !... non, Jeanne d'Arc ne sera pas perdue !

DUNOIS.

Il faut qu'à l'instant même elle me soit rendue !

L'évêque sort par la droite, en faisant à Dunois un geste d'assurance.

SCÈNE CINQUIÈME.

DUNOIS, *seul.*

Enfin j'ai pu fléchir ce caractère altier,
Et si Jeanne est livrée au pouvoir séculier,
Cet évêque est un homme en ruses si fertile
Qu'il n'a jamais rien fait ni tenté d'inutile.
Il n'est rien d'impossible au prêtre astucieux !...
Il sait montrer partout un front audacieux.
Ses armes sont à craindre, et, pour en faire usage,
Il sait porter ses coups et montrer son courage.
Attendons son retour... Attendons, ô bonheur !
Jamais espoir plus doux ne fit battre mon cœur !
De l'insolent bûcher la flamme meurtrière
Eût dévoré, sans moi, cette illustre guerrière.
Moi qui veillais sur elle au milieu des combats,
Je la vais présenter à ses vaillants soldats !
J'aurai, par mon adresse et par mon industrie,

Sauvé la jeune enfant si chère à sa patrie !
J'aurai, trompant les yeux de cruels ennemis,
Comblé, dans un seul jour, les vœux de mon pays !
Quelle audace ! quel coup ! ou plutôt quelle gloire
D'avoir, sur ses bourreaux, remporté la victoire !
Il n'était qu'un Dunois qui pût tenter le sort
De ravir Jeanne d'Arc au pouvoir de Bedford.
Je l'attends, qu'elle vienne... Eh quoi ! quelle pensée !
L'espérance, en mon cœur, serait-elle éclipsée !...
Cet évêque est un traître, un prélat plein d'orgueil.
Sur le chemin du crime il n'est aucun écueil
Qui puisse l'arrêter... Oui cette perfidie,
Chez ce prêtre imposteur est une maladie,
Un mal enraciné que rien ne peut guérir...
Va-t-il m'amener Jeanne, ou va-t-il me trahir ?
Cette perplexité, cette attente incertaine
Troublerait des Français le plus grand capitaine !
Non, non, ne craignons rien; rassurons nos esprits.
Ce geste menaçant que mon œil a compris,
Ce geste qu'il m'a fait avec tant d'assurance,
Me dit que Jeanne d'Arc touche à sa délivrance.

En ce moment la femme du peuple entre de droite.

Avez-vous vu l'évêque ?

SCÈNE SIXIÈME.

LA FEMME DU PEUPLE, DUNOIS.

LA FEMME DU PEUPLE.

Oui, dans le camp anglais
Parlant avec Stafford d'un général français.

DUNOIS.

Vous l'avez entendu ? que pouvait-il en dire ?

LA FEMME DU PEUPLE.

Il me faisait l'effet d'un homme qui conspire.
Tantôt il parlait haut, tantôt il parlait bas.
Vous dire son discours, je ne le pourrais pas.
Quelques mots, seulement, ont frappé mon oreille...
Mais sa tête, ses mains agissaient à merveille.
Je le voyais de loin... Mais quoi! vous en ces lieux !
Vous, général français !... Quel coup audacieux
Y venez-vous tenter?

DUNOIS.

Le seul coup que je tente
Est de sauver la vie à la triste innocente.

LA FEMME DU PEUPLE.

Vous! sauver Jeanne, ô ciel! Mais ces vils étrangers...

DUNOIS.

Je sais que je m'expose aux plus pressants dangers.
Je sais que les Anglais, oppresseurs de la France,
Sur moi seraient heureux d'exercer leur vengeance.
Mais vous ne savez pas, madame?... Quel bonheur !
L'évêque, devant moi, cédant à la frayeur,
Pour échapper au coup dont mon bras le menace,
M'a promis, m'a juré sur cette même place
Que, secondant mes vœux par un suprême effort,
Il allait, sur-le-champ, la ravir à Bedford,
Et que, pour réparer une faute commise,
Par lui-même, en mes mains, Jeanne serait remise.

LA FEMME DU PEUPLE.

Vous l'avez cru, sans doute ?

DUNOIS.

Il l'a dit devant Dieu,
Sur la foi du serment et près de ce saint lieu.

Un évêque, un prélat, peut-il être un parjure?
LA FEMME DU PEUPLE.

Ah ! toujours sur le crime un autre se mesure !
Ne vous y fiez pas !... craignez, craignez plutôt
Qu'il n'arme contre vous un funeste complot.
Cet évêque est si souple, et même si servile,
Qu'à mentir, qu'à tromper, nul ne fut plus habile.

Elle se dirige vers l'église.

Hélas ! je vais prier pour celle qui demain
Subira la rigueur d'un supplice inhumain !

Elle entre dans l'église ; en même temps, Isambard, suivi du geôlier, entre par la droite : le geôlier porte un paquet dans une serviette.

SCÈNE SEPTIÈME.

DUNOIS, ISAMBARD, LE GEÔLIER.

ISAMBARD.

L'évêque nous trahit, général ! et l'armée
Est de nos grands projets par ce traître informée !
Tout le camp est sur pied !... Stafford est furieux.
Il range ses soldats pour venir en ces lieux.
Et Warwick qui jamais ne repose tranquille,
De l'avis de Bedford, doit entourer la ville.
Déjà la lance au poing, et brandissant leurs dards,
Ses farouches soldats garnissent les remparts.
Il n'est pas une issue ; il n'est pas une porte
Qui n'ait en ce moment une garde assez forte.
Vous ne pouvez, hélas ! sortir sans être vu !

DUNOIS.

Ah ! ce perfide évêque aux Anglais m'a vendu !
Que son nom soit maudit !...

ISAMBARD.

      Laissons là ce perfide ;
Et sachons déjouer son projet homicide ;
Avisons au moyen de sortir de ces lieux.
Surtout, avec adresse, échappons à leurs yeux.

  DUNOIS, *reprenant son manteau.*
Je reprends mon manteau.

    LE GEÔLIER.

      Vous n'en avez que faire.
Et même, sur-le-champ, il faut vous en défaire.
Jetez bien loin de vous ce long déguisement
Que l'Anglais, attentif, surveille en ce moment!

  DUNOIS, *jetant son manteau devant la porte de*
     l'église.
Me voilà prisonnier !... Pour sauver la victime,
Sous mes pas incertains j'aurai creusé l'abîme !

  LE GEÔLIER, *ouvrant son paquet.*
Ne désespérez pas... Savez-vous bien l'anglais ?

    DUNOIS.
Je le parle aussi bien que je parle français.

    LE GEÔLIER.
Eh bien ! cher général, il vous sera facile
En trompant l'ennemi de sortir de la ville.

  Il tire de son paquet l'uniforme d'un soldat anglais.

D'un soldat de Bedford voici l'habillement ;
Il le faut revêtir et partir promptement....

  En ce moment des cris confus se font entendre
  dans le lointain.

    ISAMBARD.
Quel tumulte au lointain peut donc se faire entendre ?
On vient de ce côté... Ne nous laissons pas prendre.

Il va regarder à l'entrée de la rue de droite, puis revient vivement en scène.

Quoi ! l'évêque et Stafford, en tête des soldats
Débouchent dans la rue et viennent à grands pas !
Ah perfide !...

LE GEÔLIER, *prenant son paquet dans lequel il a remis l'habit.*

Fuyons ; traversons cette rue ;
Venez.... Oui, suivez-moi.... Je connais une issue
Par où l'on peut sortir sans le moindre danger.

DUNOIS.

Moi ! me voir obligé de fuir un étranger !

Ils se sauvent par la rue de gauche, au même instant Stafford, l'épée en main, et l'évêque, suivis d'une trentaine de soldats entrent sur la place, et s'arrêtent tout étonnés de n'y trouver personne.

SCÈNE HUITIÈME.

STAFFORD, SOLDATS, CAUCHON.

CAUCHON.

Il s'est sauvé le lâche !... il a quitté la place....
Non, devant ces soldats il n'eût pas trouvé grâce !

Il va vers le portail de l'église, y ramasse le manteau.

Quoi ! voilà son manteau ! vous le voyez Stafford.

STAFFORD, *l'examinant avec dédain.*

Sous ce déguisement il vous parlait de mort ;
Il voulait ravir Jeanne... Allons à sa poursuite ;
Courons ; sachons surtout l'atteindre dans sa fuite.

Stafford suivi de ses soldats s'élance dans la rue de gauche.

SCÈNE NEUVIÈME.

CAUCHON *seul, remettant le manteau à sa place*.
Ils ne l'atteindront pas !... Enfin, dans le saint lieu
Jeanne d'Arc va venir y recevoir son Dieu.
Quelle douceur pour elle ! oui, cette pauvre femme
Peut, à son créateur, recommander son âme,
Reconnaître, en mourant, l'effet de ma bonté.

Isambard rentre vivement par la gauche.

SCÈNE DIXIÈME.

CAUCHON, ISAMBARD.

ISAMBARD.
Jeanne reconnaîtra votre perversité !

CAUCHON.
Prenez garde, Isambard ; je veux qu'en ce lieu même
Vous sachiez respecter l'autorité suprême.

ISAMBARD.
En vous je voudrais voir plus d'amour pour le bien.
Je vous voudrais un cœur infiniment chrétien.
Mais, malgré moi, seigneur, il faut que je vous dise
Que Jeanne, plus que vous, est digne de l'Église.
Quoi ! son procès inique, injuste et monstrueux,
N'a pas, sur votre front, fait dresser les cheveux !
Vous l'avez déclarée hérétique et sorcière,
Et vous venez l'absoudre à son heure dernière !
Vous trahissez, seigneur, et l'Église et ses lois !...
Jeanne n'est pas sorcière et chrétienne à la fois.
Quel pontife ici-bas, quel prélat sur la terre
Eût osé, comme vous, souiller son ministère ?
Oui, seigneur, Jeanne d'Arc est fidèle à son Dieu.

Et nous verrons demain le bûcher tout en feu !...
Mais non, un Dieu vengeur me donnera la force
D'arracher la victime à ce supplice atroce.
Oui je la défendrai contre tous vos soldats !...

CAUCHON.

Vous !

ISAMBARD.

Oui, seigneur, oui, moi.

CAUCHON.

Vous n'y parviendrez pas.
Quand vous voyez son roi, tremblant de la défendre,
Ne vouloir rien tenter pour se la faire rendre,
Vous seul qui gémissez sur son malheureux sort,
Oseriez la ravir, la soustraire à la mort !
Songez qu'il vous faudrait, après votre imprudence,
De votre propre sang payer cette insolence,
Et que pour vous punir d'un coup audacieux,
Au lieu d'une victime il nous en faudrait deux.
Surtout n'oubliez pas que cet avis sévère
Vous défend d'offenser mon sacré caractère.
Déjà, plus d'une fois, usant de mon pouvoir,
J'ai dû vous rappeler aux règles du devoir.
Oui, je suis votre évêque et prince de l'Église !...
Quoi ! vous venez défendre une femme insoumise !
Oubliez-vous ici, dans vos emportements,
Que Jeanne a violé le plus saint des serments ?
Ne vous souvient-il plus qu'elle avait sur son âme
Juré de revêtir ses vêtements de femme
Et promis devant Dieu de ne point s'évader ?
Eh bien ! des surveillants commis pour la garder
N'a-t-elle pas trompé l'exacte surveillance ?

Ah ! vous n'ignorez pas sa désobéissance !...
Vous savez qu'au mépris d'un premier jugement
Elle a, le lendemain repris son vêtement,
Et qu'aux yeux des gardiens fièrement équipée,
Du sein de sa prison s'est encore échappée.
Qu'allez-vous opposer à ces faits éclatants ?
Allez, frère Isambard, vous perdez votre temps !
Reconnaissez plutôt que cette prisonnière
Est vraiment hérétique, apostate et sorcière.

ISAMBARD.

Moi, seigneur, moi, jamais !... J'affirmerai toujours
Que Jeanne, malgré vous, malgré vos vains discours,
Recèle dans son cœur des vertus plus chrétiennes
Que celles de Bedford, les vôtres et les miennes.

En ce moment la cloche de l'église sonne à toute volée.

Vous l'entendez, seigneur ; vous l'entendez hélas !
La cloche qui de Jeanne annonce le trépas !...
Au son retentissant de l'airain monotone,
A la joie, au bonheur, votre âme s'abandonne.
Et demain, sous vos yeux, et d'un air triomphant,
Vous verrez, dans la flamme, expirer cette enfant.
Vous verrez, sans frémir, brûler votre victime !
Allez, un Dieu vengeur punira votre crime.
Un jour qui n'est pas loin, de remords tourmenté,
Vous aurez à rougir de votre cruauté.
Faut-il voir un évêque, outrageant la nature,
Se montrer envers Dieu si traître et si parjure !

Cauchon se dirige vers l'église.

Allez dans votre église où Jeanne va venir.
Mais le ciel, en courroux, pourrait bien vous punir.

CAUCHON.

La vengeance du ciel pour d'autre est réservée,
Et votre Jeanne d'Arc ne sera pas sauvée.

Il entre dans l'église, en même temps que le geôlier, radieux, entre par la gauche.

SCÈNE ONZIÈME.

LE GEÔLIER, ISAMBARD.

LE GEÔLIER.

Le général Dunois, sur son coursier fougueux,
S'est enfin échappé de ce pas dangereux !
Déjà, dans le lointain, tout couvert de poussière,
Il se rit de Stafford en se donnant carrière...
Un si grand capitaine, un général français,
Ne pouvait pas tomber dans les mains des Anglais.
Stafford en est honteux....

ISAMBARD.

    Cet apprêt formidable
Pour servir les desseins d'un évêque exécrable,
Pour s'emparer d'un homme, ou pour verser son sang,
Heureusement pour lui, devait être impuissant.
Enfin il est sauvé ?...

LE GEÔLIER.

    Grâce à ma prévoyance,
Je l'ai vu se soustraire aux mains de la vengeance.
Et les Anglais confus, au milieu de leur camp,
Honteux et courroucés sont rentrés sur-le-champ.

En ce moment entrent de droite douze jeunes filles en robes blanches et sur deux rangs, portant des corbeilles, précédées d'une jeune femme également en blanc. Elles traversent la scène en jetant des poignées de fleurs sur le chemin où va passer Jeanne, puis elles entrent dans l'église ; en même temps, Jeanne d'Arc, en robe noire, mouchoir blanc à la main, marchant entre deux prêtres et suivie des deux soldats et du peuple qui pleure, traverse la scène lentement et s'arrête un instant devant la porte de l'église. Isambard et le geôlier s'inclinent devant eux.

SCÈNE DOUZIÈME.

JEANNE D'ARC, ISAMBARD, LE GEÔLIER, PRÊTRES, PEUPLE ET SOLDATS.

JEANNE D'ARC, *s'arrêtant devant le portail.*
O Dieu des innocents ! à tes décrets soumise,
Pour la dernière fois, j'entre dans ton église,
Et demain dans la flamme un ennemi pervers
Jettera Jeanne d'Arc pour venger ses revers !

Elle entre dans l'église suivie de tous les personnages en scène. Le rideau tombe.

CINQUIÈME ACTE

Le théâtre représente une place publique. Le bûcher, au-dessus duquel dépasse un poteau à hauteur d'homme, est construit au fond du théâtre et gardé par les deux soldats en armes; rues aboutissantes de droite et de gauche.

SCÈNE PREMIÈRE.

LES DEUX SOLDATS.

LE DEUXIÈME SOLDAT, *montrant le bûcher*.
Voilà donc ce bûcher dressé pour son supplice !
C'est ici que la mort l'attend après l'office !
C'est ici qu'une femme, innocente à nos yeux,
Doit mourir en martyre en ce jour malheureux !
Et Dieu qui dans nos cœurs peut voir ce que nous sommes,
Laissera s'accomplir l'injustice des hommes !
Que ne renverse-t-il cet échafaud maudit !...
LE PREMIER SOLDAT.
Mais espérons encor.... Sais-tu ce que l'on dit ?
LE DEUXIÈME SOLDAT.
Je l'ignore; mais Jeanne est à jamais perdue !
LE PREMIER SOLDAT.
Une heureuse nouvelle au camp s'est répandue :
Luxembourg et Talbot, ses ennemis jurés,
Se sont, en sa faveur, hardiment déclarés.

Déjà, près de Bedford, au nom de leur patrie,
Ils ont voulu tenter de lui sauver la vie.

LE DEUXIÈME SOLDAT.

Tenter!... non, ni Talbot, ni le frère Isambard
N'arracheront la proie aux dents du léopard;
Il la tient sous sa griffe, et sa faim indomptable
Le rend par trop cruel et par trop redoutable.

SCÈNE DEUXIÈME.

LES SOLDATS, ISAMBARD.

ISAMBARD, *entrant de droite*.

Pleurons avec la France, avec tout l'univers!
Exhalons de nos cœurs des regrets trop amers....
La France frémissante en ce jour consternée,
Implore le Très-Haut pour l'humble infortunée.
Hélas! dans un instant Jeanne ne sera plus!
Mais sa place est au ciel au nombre des élus.
C'est là sur ce bûcher, instrument du supplice,
Que va se consommer cet affreux sacrifice.
Jadis, pour plaire aux dieux, ces apprêts meurtriers
Devaient être parés de roses, de lauriers.
La victime innocente à l'autel amenée,
De myrte et de cyprès y montait couronnée.

> En ce moment entrent, précédées de la jeune femme, les douze jeunes filles qui se tiennent à distance du bûcher et se divisent en deux chœurs de six voix, chaque soldat se tient vers l'un de ces chœurs. La femme tient le milieu.

Eh bien! sur ce bûcher, triste objet de nos pleurs,
Jetez, enfants, jetez vos parfums et vos fleurs;

Rendez à Jeanne d'Arc un solennel hommage,
Et chantez ses vertus et son noble courage.

SCÈNE TROISIÈME.

LES DEUX SOLDATS, ISAMBARD, DES JEUNES FILLES.

LE PREMIER CHŒUR, *après avoir jeté six poignées de fleurs sur le bûcher, s'incline respectueusement et chante :*

Vierge martyre, objet de tous nos vœux,
Toi dont l'amour a pu sauver la France ;
Tu sus verser ton sang si précieux
Pour notre gloire et notre indépendance.
Quand d'Orléans tu chassais les Anglais,
L'Europe entière admirait ton génie ;
Et maintenant, pour prix de tes hauts faits,
Sur ce bûcher, tu meurs pour ta patrie.

PAR TOUS LES PERSONNAGES.

Et maintenant, pour prix de tes hauts faits,
Sur ce bûcher, tu meurs pour ta patrie.

LE DEUXIÈME CHŒUR, *jetant, à son tour, six poignées de fleurs sur le bûcher, s'incline avec respect et chante :*

O Jeanne d'Arc! la France en son grand deuil,
De ta valeur gardera la mémoire !
Et ses enfants liront avec orgueil
De tes bienfaits l'intéressante histoire.
Oui, de Bedford, que tu battis vingt fois,
Tu fis trembler cette armée aguerrie,
Et maintenant, pour prix de tes exploits,
Sur ce bûcher, tu meurs pour ta patrie.

PAR TOUS LES PERSONNAGES.

Et maintenant, pour prix de tes exploits,
Sur ce bûcher, tu meurs pour ta patrie.

Les douze jeunes filles jettent ensemble, sur le bûcher, six poignées de fleurs, s'inclinent et sortent de gauche, accompagnées d'Isambard et de la jeune femme.

SCÈNE QUATRIÈME.

LES DEUX SOLDATS, BEDFORD, TALBOT, STAFFORD.

BEDFORD *aux deux soldats et d'un air triomphant.*
Vous voilà fiers, vous deux, à ce poste d'honneur !...
C'est bien... Je vois la joie au fond de votre cœur !
Aux généraux.
Eh bien ! milords, Compiègne a gardé la mémoire
De ce dernier combat marqué par la victoire !...
Nous pouvons être fiers !... Nos soldats valeureux
Combattaient en héros et s'animaient entre eux.
L'armée était sublime !... et, sur toute la ligne,
Elle a su concourir à ce triomphe insigne.
Que peuvent maintenant nos ennemis vaincus
Après avoir été si vaillamment battus ?
A de nouveaux exploits oseront-ils prétendre,
Alors que Jeanne d'Arc sera réduite en cendre ?
La mort de ce démon chez eux va tout changer.
Les chefs et leurs soldats s'en vont décourager.
Marchons, et dans six mos, je l'affirme d'avance,
Nous serons triomphants et maîtres de la France.

TALBOT.
Ne vous abusez pas, prince, un si bel espoir
Non loin de ce bûcher ne se peut concevoir.

Songez que des Anglais la sentence inhumaine
Armera, contre vous, la vengeance et la haine.
Les généraux français, haranguant leurs soldats,
N'aspirent qu'à marcher à de nouveaux combats...
Pensez-vous que Dunois, fier de sa renommée,
Que Xaintrailles, Lahire, en tête de l'armée,
Pour venger la guerrière encor chère à leur cœur,
Ne puissent, contre vous, déployer leur valeur ?
Songez-y !... Charles Sept, jaloux de sa couronne,
A juré, sur l'autel, de raffermir son trône.
Ce roi trop indolent, abjurant ses plaisirs,
Renonçant à ses jeux, ses festins, ses loisirs,
Honteux de sa mollesse et de sa léthargie,
D'un monarque invincible a repris l'énergie.
Son peuple le bénit, accourt pour l'acclamer,
Et ses nombreux soldats, l'entendant proclamer,
Brûlant de terrasser l'étranger qui l'opprime,
Sauront verser leur sang pour leur roi légitime.

BEDFORD.

Talbot, d'un tel discours que dois-je donc penser ?

TALBOT.

Que je ne cherche ici qu'à vous désabuser.
La mort de Jeanne d'Arc, honteuse à votre gloire,
Aux yeux du monde entier souillera votre histoire.
Oui, prince, ce bûcher fait horreur aux Français
Et frappe de pitié quelques soldats anglais.

BEDFORD, *regardant sévèrement les deux soldats.*

L'autorité d'un chef, d'un commandant d'armée,
A fléchir ses soldats doit être accoutumée.
La guerre a ses fureurs qu'on ne peut éviter...

TALBOT.

Quand on se fait trop craindre, on ne fait qu'irriter,
Prince, n'oubliez pas qu'au milieu des batailles,
Je fus fait prisonnier par le fameux Xaintrailles ;
Que plein d'égards pour moi, de générosité,
Xaintrailles, sans rançon, me mit en liberté.
Pourquoi n'auriez-vous pas l'âme aussi magnanime ?
Non, non, n'immolez point votre triste victime.
Il faut, pour votre honneur, que ce bûcher honteux
Par votre volonté disparaisse à nos yeux.
Hâtez-vous... Oui, rendez Jeanne d'Arc à sa mère,
Et vous honorerez notre belle Angleterre.

BEDFORD.

Je sais que la clémence, inhérente au grand cœur,
Fit toujours des bons rois et la gloire et l'honneur :
Mais du cruel destin l'arrêt irrévocable
Me force d'immoler cette femme exécrable.

TALBOT.

Quoi ! vous avez ici les pleins pouvoirs d'un roi,
Et loin d'être clément vous outragez sa foi !
Vous vouez à la mort la timide innocence,
Et vous pensez qu'un jour vous régnerez en France !
Ah ! ce royaume échappe à votre cruauté ;
Non, l'on ne règne pas avec l'iniquité !...

BEDFORD.

Vous osez donc ici trahir votre patrie !

TALBOT.

Moi, prince !... moi trahir !... Au péril de ma vie,
En soldat généreux et plein de dévouement
Je saurai la servir jusqu'au dernier moment !...
N'ai-je pas, sous vos yeux, au milieu du carnage,

Fait preuve d'héroïsme et de noble courage ?
Et, si de Jeanne d'Arc je veux la liberté,
C'est qu'un si grand malheur doit être respecté.

BEDFORD.

Eh quoi ! quand hier encor tout rayonnant de joie,
Quand semblable aux lions qui fondent sur leur proie,
Vous disiez à l'évêque, en un joyeux transport :
« Je veux pour Jeanne d'Arc la torture ou la mort;
« Je veux, sur un bûcher ou bien dans la fournaise,
« Immoler l'hérétique à la vengeance anglaise.... »

TALBOT.

Moi, prince !

BEDFORD.

Oui, ce langage était tenu par vous,
Et servait du prélat l'inflexible courroux.
Faut-il donc, qu'en ce jour, à vos yeux je rappelle
Votre inhumanité, votre haine contre elle !
Quel autre, plus que vous, insultant au malheur,
De Jeanne se montra plus grand persécuteur :
L'intrigue, le mensonge, et même la bassesse,
Les propos outrageants, votre cruelle adresse,
Tout était mis en œuvre et si bien employé
Qu'à trahir la sorcière on vous vit sans pitié !
Non, je ne comprends pas qu'après la violence,
Vous veniez, en ces lieux, invoquer ma clémence,
J'ai lieu de m'étonner, en ce triste moment,
Que vous ayez sitôt changé de sentiment.
Quelle est donc la raison, ou plutôt quel mystère
Vous fait, en sa faveur, changer de caractère ?
Parlez, Talbot, parlez !...

TALBOT.

Un juge sérieux
Sur mon aveuglement m'a dessillé les yeux.

STAFFORD, *avec mépris*.

Va donc te prosterner aux pieds de ta sorcière !...

TALBOT.

Sache donc respecter cette illustre guerrière !...
Tes soldats et les miens, qu'elle a vingt fois battus,
Honorent, mieux que toi, sa gloire et ses vertus.
Un jour, dans sa prison.... ô mortelle pensée !
Sans le bras de Warwick tu l'aurais traversée !
Ton épée était prête à lui percer le flanc,
Et, comme un assassin, tu répandais son sang.
Ah ! ce n'est pas ainsi que l'on sert sa patrie !
Vous la déshonorez par votre barbarie !
Soyons soldats, Stafford, mais soldats généreux,
Et plaignons des vaincus le sort trop rigoureux !
Seule, l'humanité, bien plus que la victoire,
Honore le vainqueur et fait sa propre gloire.

Luxembourg paraît au fond et regarde le bûcher d'un air triste

Ah ! voici Luxembourg !... venez, cher général,
Venez voir, en ces lieux, ce supplice infernal !...

SCÈNE CINQUIÈME.

SOLDATS, BEDFORD, TALBOT, STAFFORD, LUXEMBOURG.

LUXEMBOURG.

L'armée en est émue, et le peuple, en alarmes,
Sur ce bûcher maudit va répandre des larmes.
Moi-même, en le voyant, j'en suis saisi d'effroi.

A Bedford, lui désignant le bûcher.

C'est votre œuvre, Bedford !... Eh bien ! écoutez-moi :
Je suis votre allié ; mais la valeur française
Saura bien triompher de la vengeance anglaise.
Vous allez brûler Jeanne !... Ah ! rien que d'y penser
J'en frissonne et je sens tout mon sang se glacer !
Vous attendez ici votre illustre victime,
Ce héros d'Orléans, guerrière magnanime.
Ah barbare ! ah cruel !... Mais ne craignez vous pas
Que le ciel en courroux, pour venger son trépas,
Ne vous anéantisse et commande à la foudre
De réduire aujourd'hui tous vos lauriers en poudre !...

BEDFORD.

Quel langage insolent osez-vous m'opposer !
Si de Jeanne la mort doit tant vous offenser,
D'où vient que pour de l'or vous nous l'avez vendue ?
C'est vous, général, oui, vous qui l'avez perdue !
Vous pouviez, sans rançon, la mettre en liberté.
Vous ne l'avez pas fait. L'argent vous a tenté....
Et vous me reprochez la mort de cette femme !

LUXEMBOURG.

Je vous reproche encor la noirceur de votre âme ;
Je reproche aux Anglais ce supplice odieux
Qui fait pâlir d'horreur et l'enfer et les cieux.
Je reproche aux bourreaux d'outrager la nature
En livrant au bûcher la vertu la plus pure....
Ah ! Bedford, confiant dans votre loyauté,
Je vous croyais plus grand, plus plein d'humanité ;
Oui, je croyais qu'un prince à la valeur guerrière,
Traiterait noblement sa jeune prisonnière,
Que fidèle à l'esprit d'un généreux vainqueur

Il se serait montré sensible à son malheur.
Enfin, c'en est donc fait !... Mais cette mort cruelle
Sera pour vous, Bedford, une honte éternelle.
Allez, cruel, allez, immolez sans retard,
Celle qui vous vit fuir devant son étendard.
Allumez ce bûcher ! O vengeance inouïe !
Vous ne reculez pas devant votre infamie !
Au cri d'humanité vous fermez votre cœur.
Ah ! d'un peuple outragé redoutez la fureur !...
Violer, à ses yeux, tous les droits de la guerre,
C'est bien vouloir ici provoquer sa colère.
Ce peuple !... je l'ai vu.... S'il cède à son courroux,
Craignez, Bedford, craignez de tomber sous ses coups !

SCÈNE SIXIÈME.

LES MÊMES, *plus* ISAMBARD.

ISAMBARD, *entrant vivement de droite.*

Oui, prince, en ce moment, le peuple redoutable
Forme, pour sauver Jeanne, un complot formidable :
Ce bûcher criminel par ses mains renversé
Dans le sang des bourreaux va nager dispersé,
Et pour vous épargner la honte d'un tel crime,
Vous le verrez ici ravir votre victime.

UNE VOIX, *dans le lointain.*

Oui, soyons tous Français !... Arrachons à Bedford
La pauvre Jeanne d'Arc qui va subir la mort !...

BEDFORD.

Quoi ! des cris menaçants !... Un peuple qu'on égare !..

LA VOIX, *plus rapprochée.*

Courage !... Armons-nous !... Bedford est un barbare !

En ce moment des cris tumultueux éclatent au loin, puis l'on entend la détonation de deux armes à feu (l'une après l'autre).

BEDFORD.

Une révolte !... eh bien ! non je ne la crains pas !
Vous, Stafford, vous allez vous lancer sur ses pas ;
Partez !... Vos bataillons, en ce péril extrême,
Marcheront triomphants, commandés par vous-même.
Moi ! d'un peuple insurgé je craindrais les hauts cris !
Ces clameurs que j'entends troubleraient mes esprits !
Moi ! je m'arrêterais à de vaines menaces !
Non, non ! partez, Stafford ; mettez-vous sur ses traces.

STAFFORD.

J'y cours, prince, j'y cours... Vous, restez en ces lieux.
Je vais avoir raison d'un peuple furieux !

SCÈNE SEPTIÈME.

LES DEUX SOLDATS, BEDFORD, TALBOT, LUXEMBOURG
ISAMBARD.

ISAMBARD, *à Bedford.*

Quand votre général triompherait sans peine,
D'un peuple qui s'insurge éteindra-t-il la haine ?
Plus vous l'opprimerez, plus vous serez haï :
Ceux que vous croyez sûrs déjà vous ont trahi :
Qui ne sait, en ce jour, vos coupables manœuvres !...
Le peuple qui s'insurge a su blâmer vos œuvres.
On sait tout, prince ; on sait que Jeanne en sa prison,
Gémissant sous les fers de monseigneur Cauchon,
N'y pouvait terminer sa misérable vie,
Sans paraître à vos yeux trop faiblement punie.
Il vous fallait sa mort, sa mort sur ce bûcher !...
Mais des mains d'un évêque il fallait l'arracher ;
Comment y parvenir ?... Aviez-vous l'espérance...
Que dis-je ?... Votre esprit de haine, de vengeance,

Cet invincible agent de votre cruauté,
A su fléchir l'évêque à votre volonté.
Que n'avez-vous pas fait !... J'ose enfin vous le dire,
Et sans que vous puissiez en rien me contredire :
De Jeanne, vous trouviez le châtiment trop doux.
Vos cris, à ce sujet, arrivaient jusqu'à nous.
Et du saint tribunal que l'injustice offense,
Dans vos emportements, flétrissiez la sentence.
Vous ! le chef des Anglais !... Vous ! tuteur et régent,
« Ces juges, disiez-vous, ont volé leur argent.
« Mais dussé-je employer tout l'or de l'Angleterre,
« Je me ferai, par eux, rendre ma prisonnière. »
Vous l'avez prodigué cet argent corrupteur !...
Les aides d'un évêque, objets de tant d'horreur,
Payés pour vous servir, ont su vous satisfaire....
Mais ces vils complaisants, capables de tout faire,
Comment traitaient-ils Jeanne ? Avaient-ils la douceur,
Les égards, la pitié que l'on doit au malheur ?
Non, prince ; quand on sert un pouvoir tyrannique,
On ne respecte point le courage héroïque.
Ces hommes sans honneur, sans mérite et sans nom
Pénétraient nuit et jour dans sa triste prison ;
Et là, d'après l'avis d'un évêque sans âme,
Trompaient, par leurs rapports, cette innocente femme,
Altéraient, sans rougir, ses actes les plus saints,
Et servaient, en bourreaux, vos criminels desseins.

BEDFORD, *avec un ton d'orgueil.*

Mais vous, qui me parlez avec tant d'arrogance,
Apprenez que je puis vous imposer silence.
Oubliez-vous ici que je commande en roi,
Que vous devriez vous taire et fléchir devant moi !...

ISAMBARD.

Moi, fléchir devant vous!... Oubliez-vous vous-même
Que juge, que docteur au tribunal suprême,
Que par un sentiment de pure humanité,
Je défends l'innocence en toute liberté.
Que pour arracher Jeanne au plus affreux supplice,
Je viens la réclamer au nom de la justice.

BEDFORD.

Vous !

ISAMBARD.

Oui, prince, moi-même.

BEDFORD.

Oser me demander
Ce qu'à sa mère en pleurs, je ne puis accorder!...
Mais depuis quand, docteur, poussez-vous l'insolence
Au point d'oser braver l'effet de ma puissance ?
Pensez-vous ébranler mon pouvoir absolu ?
Pensez-vous que je sois un prince irrésolu ?
Allez, je ne crains pas votre voix menaçante.
Que votre Jeanne d'Arc soit victime innocente,
Son sort est décidé....

ISAMBARD.

Misérable !... l'Anglais,
Par ce grand sacrifice est flétri pour jamais!...
Songez que du bûcher la dernière étincelle
Montrera de Henri le trône qui chancelle.
Le peuple vous dépeint si sombre, si méchant,
Et fait de Jeanne d'Arc un tableau si touchant,
Que la France, aujourd'hui, comprend que la guerrière
Fut sa libératrice et non pas sa sorcière.
Ah! prince, n'est-ce pas vous efforcer en vain

6

De traiter d'hérétique un ange aussi divin !...
Jeanne, du monde entier, justement admirée,
A fait ce que doit faire une femme inspirée....
N'est-ce pas, en effet, à son Dieu protecteur,
Que guerrière elle dut sa force et sa valeur ?
Oui, prince, oui, c'est du ciel la puissance divine,
Qui fit, de la bergère une chaste héroïne,
Et, daignant la choisir parmi tous ses enfants,
Voulut qu'elle chassât les Anglais d'Orléans.

BEDFORD.

Ah ! je sens tout mon sang se figer dans mes veines !
Nous chasser d'Orléans !...

ISAMBARD.

Oui, vos fiers capitaines,
Devant la villageoise, à pas précipités,
Eperdus et tremblants, fuyaient de tous côtés.
C'est là que Jeanne d'Arc, volant à la victoire,
Sut vaincre votre armée et se couvrir de gloire.
C'est là que Glacidas, Moulines et Poumiers
Périrent dans la Loire avec leurs chevaliers.
Oui, c'est là, sous ces murs, qu'une simple bergère
Défit en un clin d'œil toute une armée entière.
Ah ! que ce souvenir est triste à votre cœur !...
Je vous en vois encor tout pâle de frayeur.
Non, prince, ce n'est pas au milieu des alarmes
Que vous retrouverez la gloire de vos armes.
La gloire d'un grand homme est dans l'humanité
Et non dans la vengeance et dans la cruauté.

PLUSIEURS VOIX *dans le lointain.*

Au bûcher !... Au bûcher !... Courons !...

BEDFORD *va regarder à l'entrée de la rue de droite,
puis, d'un bond, revient en scène, en tirant son
épée.*

Qu'ai-je vu !... vite,
Vite, tirons l'épée !... une bande maudite
De deux cents insurgés se dirige à grands pas....

Au lieu de dégainer, Luxembourg et Talbot se croisent les bras.

Mais quoi ! que faites-vous ? Vous vous croisez les bras !
Traîtres !...

TALBOT.

Prince ! croyez que ce mot qui nous touche
Ne devrait pas ici sortir de votre bouche.
N'avons-nous pas vingt fois, combattant sous vos yeux,
Versé, dans les combats, notre sang généreux ?
Et qui sut, mieux que nous, soutiens de la patrie,
Vaincre nos ennemis, sans craindre pour sa vie.
Toujours, au champ d'honneur nous avons su marcher.
Nos bras ne sont point faits pour défendre un bûcher.
Ce cruel échafaud est votre propre ouvrage.
Eh bien ! aux insurgés montrez votre courage....

Ils sortent par le fond, Isambard les suit.

SCÈNE HUITIÈME.

BEDFORD, LES DEUX SOLDATS.

BEDFORD, *regardant leur sortie.*

Lâches !... de cet affront que je saurai punir,
Je garderai longtemps le triste souvenir !
Est-ce donc au mépris de mon pouvoir suprême
Que vous m'abandonnez dans un péril extrême !...

UNE VOIX, *dans le lointain.*

Exterminons Bedford !... Frappons ce léopard !...
Courons ! Perçons son cœur de cent coups de poignard !
BEDFORD.
Qu'entends-je ? un cri de mort ! et ce cri m'épouvante !
UNE AUTRE VOIX, *plus rapprochée.*
Courons ! et dans son sang vengeons notre innocente !...

BEDFORD *va de nouveau regarder à l'entrée de la rue de droite.*

Quelle foule insensée !... elle n'est qu'à deux pas !...

En ce moment le son du clairon se fait entendre du côté opposé, Bedford court regarder à l'entrée de la rue de gauche, et revient en scène d'un air triomphant.

Sauvé !... Voici Warwick, conduisant ses soldats !

WARWICK, *l'épée en main arrive par la gauche.*
Bedford, *lui désignant la rue de droite.*

Les insurgés sont là ; je viens de les entendre.
Courez, Warwick, courez, vous pouvez les surprendre.

Warwick, suivi de ses soldats, s'élance dans la rue.

Moi ! je verrais fléchir, plier ma volonté !
Moi ! je pourrais ici manquer de fermeté !
Moi ! je renverrais libre une infâme sorcière
Qu'on traite de vainqueur et d'illustre guerrière !
Non !... il me faut son sang ! et ce n'est pas assez
Pour venger mes revers, mes morts et mes blessés.
Moi seul commande en maître ; et, fort de ma puissance
J'ai dû, de cette femme, ordonner la sentence.

SCÈNE NEUVIÈME.

LES DEUX SOLDATS, BEDFORD, CAUCHON.

CAUCHON, *tout tremblant.*

Prince, un peuple égaré, des hommes furieux

Proférant contre vous des cris séditieux,
Ont forcé mon palais, et, par leurs cris sinistres,
Du Dieu qui nous protége insultaient les ministres,
Vous menaçaient de mort, et d'un front inhumain
Demandaient Jeanne d'Arc les armes à la main.

BEDFORD, *rengaînant son épée.*

Avez-vous vu Stafford?

CAUCHON.

Quelle admirable audace !
Stafford, en un clin d'œil a balayé la place.
Ses valeureux soldats, sous ses ordres rangés,
Ont chassé, devant eux, la foule d'insurgés.
Tout est rentré dans l'ordre et la ville est tranquille,
Grâce à la fermeté d'un général habile.

SCÈNE DIXIÈME.

LES DEUX SOLDATS, BEDFORD, CAUCHON, ISAMBARD.

ISAMBARD, *entrant du fond, lettre à la main.*

Prince, un fait important s'accomplit aujourd'hui.
De dix mille alliés vous n'avez plus l'appui.
Honteux de seconder vos desseins sanguinaires,
Luxembourg, se rangeant aux avis populaires,
Vous quitte et va tourner ses armes contre vous....

BEDFORD.

Lui!... lui! Luxembourg!...

ISAMBARD.

Oui, de son honneur jaloux,
Déserte votre cause et de vous se sépare,
Ne voulant plus servir les projets d'un barbare.

BEDFORD.

Ah traître!...

6.

ISAMBARD.

Et maintenant, heureux d'un tel renfort,
Charles Sept, aisément, pourra vaincre Bedford !...

BEDFORD.

Vous vous réjouissez de cette perfidie !

ISAMBARD.

Et le peuple est vengé de votre barbarie.
Dunois est dans le camp... Son front majestueux
Des soldats bourguignons a fixé tous les yeux.

BEDFORD.

Eh bien ! souvenez-vous que rien ne m'intimide !
Mes vœux s'accompliront... Mais ce traître perfide,
Si jamais le destin qui préside aux combats
Le remettait un jour aux mains de mes soldats ;
Moi qui commande en chef et qui régis la France,
Je saurais l'immoler pour calmer ma vengeance.

ISAMBARD, *lui donnant sa lettre.*

Enfin, voici sa lettre écrite de sa main.
Lisez, et vous verrez si le fait est certain.

BEDFORD *prend la lettre et la lit tout haut.*

Je vous quitte, Bedford, et cesse une alliance
Contraire à mon honneur et honteuse à la France.
Après avoir servi trop longtemps vos drapeaux,
Je veux de Jeanne d'Arc combattre les bourreaux ;
Je veux, et dès demain, sur sa cendre fumante,
Venger, avec Dunois, la victime innocente :
Je pars, et Charles Sept déjà me tend les bras,
Attendant dans son camp mes valeureux soldats.
Votre cause est perdue !... Oui, oui, la France entière
Jalouse de venger la mort de la guerrière ;
La France, au souvenir d'un supplice odieux,

Lasse de supporter un joug trop rigoureux
Va s'armer contre vous....
\qquad BEDFORD, *cachant sa lettre avec dépit.*
\qquad\qquad\qquad Eh bien ! cette menace,
Loin de m'épouvanter redouble mon audace.
Je représente en France un pouvoir souverain,
Et rien n'ébranlera ma volonté d'airain.
Je veux que la sorcière, à ma haine immolée,
Sans le moindre retard, à mes yeux soit brûlée.

> En ce moment le fond du théâtre se remplit de peuple, et le deuxième gardien, porteur d'un petit paquet, enveloppé dans un mouchoir blanc, sort de la foule et vient en scène avec tous les airs d'un homme qui va sauver une victime.

SCÈNE ONZIÈME.

SOLDATS, BEDFORD, CAUCHON, ISAMBARD, LE DEUXIÈME GARDIEN.

\qquad LE DEUXIÈME GARDIEN, *à Cauchon.*
Je viens, seigneur, je viens en toute liberté,
Dévoiler vos forfaits et votre iniquité.
Je viens, aux yeux du peuple, en cet instant suprême,
Mettre dans tout son jour votre affreux stratagème.
\qquad\qquad *Cauchon pâlit et baisse les yeux.*
Eh bien ! vous pâlissez !... vous croyiez échapper
Au redoutable coup dont je vous viens frapper.
Naguère, sous vos lois, serviteur mercenaire,
Je devais vous servir, vous entendre et me taire.
Je devais, malgré moi, gardien de la prison,
Exécuter les vœux de monseigneur Cauchon ;
Et, respectant encor sa perfide insolence,

Garder, sur tous ces faits, le plus profond silence.

Tirant un papier de son petit paquet.

Mais libre du service où j'étais attaché,
J'exhibe ce papier que je tenais caché.

CAUCHON.

Misérable !...

LE DEUXIÈME GARDIEN.

Attendez !... je n'ai plus rien à craindre ;
Vous n'avez plus sur moi le droit de me contraindre.
Je suis libre, seigneur, et j'ose vous parler
De vos faits criminels que je viens dévoiler.
Je viens, par cet écrit, plus clair que la lumière,
Prouver que Jeanne d'Arc ne fut jamais sorcière.
Je viens, au nom du ciel et de l'humanité,
Réclamer en ces lieux sa mise en liberté.

CAUCHON, *relevant la tête.*

Vous ne voyez donc pas ce bûcher sur la place ?

LE DEUXIÈME GARDIEN, *après avoir regardé le bûcher.*

Je m'en retournerais sans obtenir sa grâce !...

Il donne son papier à Isambard.

Tenez, frère Isambard, lisez-lui tout entier
L'ordre qu'il nous dictait dans ce fatal papier.

ISAMBARD, *ayant jeté les yeux sur cet écrit.*

Qu'avez-vous fait, seigneur !... c'est votre signature !

LE DEUXIÈME GARDIEN.

Mais hâtez-vous, lisez, lisez son écriture.

ISAMBARD *lit à haute voix.*

« Gardiens de Jeanne d'Arc, employons nos instants
« A servir le courroux des Anglais mécontents.
« Jeanne, dans sa prison, à leur fureur ravie,

« Ne pouvait y passer le reste de sa vie.
« Il faut, dès aujourd'hui, pour combler leurs desseins
« Qu'un jugement nouveau la remette en leurs mains.
« Je cède à leur désir et me charge moi-même
« De révoquer l'arrêt du tribunal suprême.
« Je le veux; je l'ordonne; un évêque français
« Doit soutenir partout la cause des Anglais.
« Ainsi donc à Bedford je rends ma prisonnière,
« Et je la fais passer pour menteuse et sorcière.
« Mais pour y parvenir, sachez me seconder.
« D'ailleurs, d'autorité je vous viens commander.
« Que Jeanne soit un ange, une vierge pudique,
« Moi, je la veux flétrir du nom de schismatique;
« Je veux, en la rendant au pouvoir séculier,
« Livrer à ses bourreaux ce démon tout entier.
« Donc, pendant son sommeil, mais sans troubler son âme,
« Reprenez, cette nuit, ses vêtements de femme,
« Et mettez à leur place, avec dextérité,
« Son habit qu'à la guerre elle a longtemps porté.
« Mais que, pour votre honneur, cette action sévère
« Soit à jamais cachée au reste de la terre! »

Pliant son papier avec gravité.

Ah! seigneur, sans respect pour vos ordres sacrés,
Vos jours à trahir Jeanne étaient donc consacrés!
Vous osiez, en secret, respirant l'injustice,
Méditer lâchement ce coupable artifice!
Quoi! l'horreur de dicter cet avis inhumain
N'a pas, en le traçant, fait trembler votre main!
Vous, ministre de paix, de pardon, d'indulgence,
Vous avez à une enfant opprimé l'innocence!
Vous êtes des Anglais le serviteur zélé.

Tremblez!... votre secret est enfin révélé!
Osez donc maintenant, évêque téméraire,
A ce peuple assemblé prouver le fait contraire !
Par quel adroit discours pourriez-vous établir
Que ce n'est pas par vous que Jeanne va mourir?
Hélas! elle le sait!... Oui, de votre conduite
La victime innocente est dès longtemps instruite.
Chaque jour, en secret, vos actes odieux,
Étaient, dans sa prison, dévoilés à ses yeux.

LE DEUXIÈME GARDIEN *tirant de son paquet la robe de Jeanne, qu'il déploie sous les yeux de l'évêque.*

Mais pour mieux démasquer sa conduite infamante,
Donnons une autre preuve encor plus accablante,

   il agite la robe devant le nez de l'évêque.

De votre trahison voilà le triste fruit !...
Cette robe enlevée à l'heure de minuit
Est celle que portait votre pauvre victime.
Ah ! le peuple est instruit de votre horrible crime !
Ce peuple qui m'entend, qui voit votre larcin,
Vous regarde, seigneur, comme un vil assassin.

  LE PEUPLE, *du fond du théâtre.*

Oui ! oui !...

  LE DEUXIÈME GARDIEN.

  Vous l'entendez ; ce peuple vous méprise,
Vous juge maintenant indigne de l'Église.

  UN HOMME *du peuple.*

Cet évêque, à nos yeux, a mérité les fers !

  UNE FEMME *du peuple s'avançant sur la scène.*

Déjà s'ouvre sur lui la porte des enfers !

  UN VIEILLARD, *sortant de la foule.*

Depuis plus de trente ans je connais ce profane,

C'est lui qu'il faut brûler à la place de Jeanne !
LE PEUPLE, *du fond du théâtre.*
Il l'a bien mérité !...
CAUCHON, *à part.*
Malheureux ! qu'ai-je fait !...
LE DEUXIÈME GARDIEN.
Vous voilà donc, seigneur, démasqué tout à fait !
Il sort avec le peuple.

SCÈNE DOUZIÈME.

LES DEUX SOLDATS, BEDFORD, CAUCHON, ISAMBARD.

ISAMBARD, *à l'évêque.*
Vous voilà tout confus !... la mort de cette femme,
D'un remords éternel tourmentera votre âme.
Osez donc maintenant, osez en ce moment,
Me répéter que Jeanne a trahi son serment !
Osez donc affirmer que l'illustre guerrière
Est menteuse, apostate, hérétique et sorcière !...
A Bedford.
Et vous, seigneur Bedford, pour sauver votre honneur,
Pour vous montrer clément et prince d'un grand cœur,
Vous allez sur-le-champ faire acte de clémence.

SCÈNE TREIZIÈME.

LES MÊMES, *plus* STAFFORD.

STAFFORD, *entrant vivement de gauche.*
Prince, les insurgés sont réduits au silence.
BEDFORD, *lui serrant la main.*
Je le savais, Stafford !... Et pas de sang versé ?

STAFFORD.
Le peuple devant moi s'est partout dispersé.
BEDFORD, *regardant à sa montre.*
Mais Jeanne ne vient pas! pourtant l'heure est sonnée.
STAFFORD.
Jeanne, sur ce bûcher va nous être amenée.
Elle vient... Elle marche entre huit cents soldats
Chargés de la conduire au lieu de son trépas.
Son air calme et tranquille, en ce moment suprême,
Étonne nos guerriers et me surprend moi-même.
Son front, loin de pâlir, offre à l'œil attristé
L'empreinte du courage et de la fermeté....
ISAMBARD, *à Bedford.*
Ah! cruel, vous voilà tout transporté de joie!
On vous amène ici votre innocente proie!
Et moi, je la verrais jeter sur ce bûcher;
Non, non, à ses bourreaux je la cours arracher!
Il sort en courant.

SCÈNE QUATORZIÈME.

LES DEUX SOLDATS, BEDFORD, CAUCHON, STAFFORD.

STAFFORD, *après un temps.*
Lui pourrait l'arracher!... Quelle aveugle furie!
BEDFORD, *après quelques instants de réflexion.*
Laissons cet insensé jouer avec la vie!
En menaces, en cris, il pourra s'emporter;
Mais contre nos soldats quel coup peut-il tenter!

SCÈNE QUINZIÈME.

LES MÊMES, PLUS ISABELLE.

ISABELLE, *se précipitant sur la scène.*
O ciel! un défenseur, par un élan sublime,

Pour ravir aux bourreaux l'innocente victime,
S'élance, se fait jour à travers les soldats,
Et plus prompt que l'éclair saisit Jeanne en ses bras;
Il l'emporte, et de loin, par moi-même observée....
O destin! ô transport! je la croyais sauvée!...
Mais non, non, les Anglais, accourant en fureur,
L'arrachent aussitôt des mains de son sauveur,
Le frappent, sans pitié, le traînent dans la fange....
Tous mes membres tremblaient à ce spectacle étrange.
Barbares! abusant de la loi du plus fort,
Tout sanglant, sur le sol, ils l'ont laissé pour mort!

se jetant aux genoux de Bedford.

Ah prince! à vos genoux, humblement prosternée,
Voyez de Jeanne d'Arc la mère infortunée!
Rendez-moi mon enfant!...

BEDFORD, *reculant comme frappé d'étonnement.*

    Vous!... sa mère?... mais quoi!...

ISABELLE, *se relevant.*

Oui, c'est ma propre fille! Oui, c'est au nom du roi,
Au nom de la justice, au nom de sa patrie,
Et de tout ce qui peut m'attacher à la vie,
Qu'accourue à grands pas par cent chemins divers,
Je vous la viens reprendre en face l'univers!

BEDFORD.

Madame, votre fille....

ISABELLE, *l'interrompant.*

    Appartient à sa mère,
Et vous allez la rendre à son malheureux père.
Domremy qui l'attend, tout rayonnant d'espoir,
Sous le toit paternel veut enfin la revoir.
Ah! ne balancez pas!... Oui, sans plus rien attendre,

7

Au pied de ce bûcher il me la faudra rendre !
BEDFORD.

Madame, en sa faveur, bien d'autres avant vous,
Ont tenté vainement de fléchir mon courroux.
Le destin des combats s'est déclaré contre elle.
ISABELLE.

Ma fille subirait sa sentence mortelle !
BEDFORD.

Oui, madame, il le faut ; il le faut malgré moi,
Puisque enfin votre fille est parjure à sa foi.
ISABELLE.

Parjure !... Malheureux ! ce mensonger langage
Dans la bouche d'un prince est un sanglant outrage !
Parjure !... Ah ! respectez la sainte vérité.
Ma fille est innocente ; il faut sa liberté.
Il faut à mon amour, à cet amour de mère
Rendre, sans hésiter, cette enfant qui m'est chère.
Le sang parle, il suffit.... Non tu ne mourras pas,
O ma fille !... viens, viens te jeter dans mes bras ;
Viens, je t'attends ici !...
BEDFORD.

    Quoi ! les cris d'une femme
Pourraient m'intimider !... Éloignez-vous, madame.
ISABELLE.

Moi !... m'éloigner !... non, non, au pied de ce bûcher,
De mes bras tout sanglants il faudra l'arracher.
Ou faire à votre haine un double sacrifice.

   Elle s'élance au pied du bûcher.

Oui, je la sauverai de cet affreux supplice !

  ISAMBARD, en habits déchirés, la tête ensanglantée,
   arrive en scène et court au pied du bûcher.

SCÈNE SEIZIÈME.

SOLDATS, BEDFORD, STAFFORD, CAUCHON, ISABELLE, ISAMBARD.

ISAMBARD, *à Bedford*.

Vos farouches soldats, vos Anglais inhumains,
M'ont frappé lâchement; m'ont arraché des mains
Votre triste victime !... O fureur !... ô vengeance !
Je la voudrais sauver et la rendre à la France !
Aux mains de ses bourreaux je la voudrais ravir,
Et, malgré mes efforts, je n'y puis parvenir !...
Je suis bien malheureux !...

ISABELLE, *au désespoir*.

Quoi ! ma fille est perdue !
Ma fille à mon amour ne sera point rendue...

ISAMBARD, *avec étonnement*.

Vous ! la mère de Jeanne ?

ISABELLE.

Oui, je la viens chercher !

ISAMBARD.

Vous la venez défendre au pied de ce bûcher !
Eh bien ! puisqu'en ces lieux le malheur nous rassemble
Unissons nos efforts pour la défendre ensemble.

Lui montrant Cauchon.

Voilà de votre enfant l'exécrable bourreau !
C'est lui qui, de ses mains, a creusé son tombeau.

ISABELLE, *étonnée*.

Un évêque !...

ISAMBARD.

Oui, madame, un misérable prêtre,

Qui porte sur son front l'infâme nom de traître.

   Cauchon baisse la tête, rougit et tremble.

Et ce lâche, à l'autel, nous parlera de Dieu !
Lui qui de ce bûcher vient attiser le feu !
Lui qui pouvait vous rendre une enfant si chérie,
A préféré la perdre aux yeux de sa patrie !

   ISABELLE.

Comment !...

  ISAMBARD.

  C'est lui, lui seul, comblant tous ses forfaits,
Qui, sur de faux rapports, l'a livrée aux Anglais.

  ISABELLE, *à Cauchon*.

Ah ! malheureux évêque ! il est un Dieu suprême
Qui pourra, dans un temps, vous frapper d'anathème !

  En ce moment, quelques soldats armés de lances
  paraissent au fond du théâtre à distance du bûcher.

Que vois-je !... ses bourreaux au regard triomphant !
Monstres ! au nom du ciel, rendez-moi mon enfant !

  BEDFORD, *aux deux factionnaires*.

Emmenez loin d'ici cette femme éperdue ;
Faites-la, sans retard, disparaître à ma vue.

  Les deux soldats se regardent tristement et ne bougent pas.

M'avez-vous entendu ?... Voyons, et promptement,
Obéissez sur l'heure et sans perdre un moment.

  Les deux soldats entraînent Isabelle dans le lointain.

  ISABELLE, *à Bedford*.

Ah ! barbare ! ah ! perfide ! il faut donc qu'une mère
Ne puisse voir ici sa fille encor si chère !

  BEDFORD, *à Isambard*.

Et vous, pour éviter la pointe de mon dard,

Fuyez à votre tour, et sans aucun retard.
ISAMBARD.

Non je ne fuirai pas !... malgré votre menace,
Je veux défendre Jeanne ou mourir sur la place.
BEDFORD, *aux soldats.*

Emmenez-le de force, et sans le ménager,
Traitez l'audacieux comme un vil étranger.

> Aussitôt quatre soldats l'entraînent loin de la place.

ISAMBARD, *à Bedford.*

Ah ! Bedford !... ah ! bourreau ! le sang de la victime
Va vous précipiter dans le fond d'un abîme !...

> Le fond du théâtre se remplit de peuple des deux sexes.

SCÈNE DIX-SEPTIÈME.

BEDFORD, STAFFORD, CAUCHON, L'AUMÔNIER, SOLDATS, BOURREAUX, JEANNE D'ARC, ISAMBARD, ISABELLE.

> Jeanne d'Arc en robe blanche, les cheveux retombant sur ses épaules, accompagnée de l'aumônier qui tient un crucifix, et de deux bourreaux en casaquin rouge, paraît au fond du théâtre sur le côté droit du bûcher, puis d'un pas ferme s'avance au milieu de la scène. Warwick, l'épée en main, en tête des soldats, s'arrête à l'entrée de la rue de droite. Bedford, l'évêque et Stafford se retournent pour lui faire face. Tous les yeux sont fixés sur elle. Le calme et la sérénité se laissent voir sur son visage.

JEANNE D'ARC, *désignant le bûcher à Bedford ainsi qu'à Cauchon, leur dit d'une voix accentuée.*

Eh bien !... est-ce donc là ce supplice odieux
Que vous me réservez en ces funestes lieux ?

Est-ce bien ce bûcher, dont la flamme insolente
S'apprête à dévorer une femme innocente ?
Oui, le perfide Anglais, par sa haine emporté,
Pouvait seul se livrer à cette cruauté.
Eh quoi ! d'une guerrière à vos yeux désarmée,
De l'humble et pauvre fille effroi de votre armée ;
D'une jeune bergère ! O déplorable sort !
En ce jour plein d'horreur vous ordonnez la mort !
Barbares !... qu'ai-je fait ?... au péril de ma vie
D'infâmes oppresseurs j'ai sauvé ma patrie,
Et, d'une guerre injuste encourant les hasards,
J'ai brisé, de mes mains, vos honteux étendards ;
J'ai de mon noble roi, par ma valeur guerrière,
Défendu, contre vous, l'honneur de la bannière.
J'ai quitté mes troupeaux, mes champs de Vaucouleurs,
J'ai laissé ma famille en proie à ses douleurs,
Et vous voilà vengés !... Mais quel est donc mon crime,
Pour oser, au bûcher, me livrer en victime !...
O monstres inhumains ! dans nos sanglants combats
M'avez-vous donc prouvé que vous étiez soldats !
Non, non, vous avez fui ma redoutable épée
Fumante encor du sang dont elle était trempée,
Et, glacés de terreur, craignant mes généraux,
En vous je n'ai trouvé que de cruels bourreaux.
Quoi ! vous avez osé, dans un procès inique,
Me traiter de relapse et même d'hérétique,
Et par ce jugement, combattant contre Dieu,
Condamner l'innocence à mourir par le feu !
Tremblez, lâches, tremblez !... Votre horrible sentence,
De mon Dieu, contre vous, appelle la vengeance...
Ma mort, l'oubliez-vous, rend votre nom maudit....

Un Dieu vous punira; le ciel vous le prédit!

> En ce moment les bourreaux veulent porter Jeanne
> sur le bûcher; mais elle les repousse avec dédain

Retirez-vous de moi!... Je ne suis qu'une femme;
Mais de votre bûcher je ne crains pas la flamme.
Ah! de ma cendre encor renaîtront vos malheurs!...
Nos généraux français seront partout vainqueurs.
Partout on les verra, déployant leur courage,
Venger de Jeanne d'Arc et l'insulte et l'outrage.
Et toi, vaillant Dunois, toi, si cher aux Français,
Toi que j'ai vu marcher de succès en succès,
Toi qui me dirigeais en guerrier plein d'audace,
Arme-toi de mon glaive et commande à ma place.
Va, marche, et dans le sang d'un ennemi pervers
Venge-moi, sans retard, aux yeux de l'univers.
Frappe tous ces Anglais; punis leur insolence;
Chasse-les sans retour loin du sol de la France.
Et que par toi vengée, un jour, avec orgueil,
Je puisse t'applaudir du fond de mon cercueil!

> Après quelques instants de réflexions profondes.

Pardonne-moi, mon Dieu, cet orgueilleux langage!
Pardonne à mes bourreaux leur criminel outrage.
Pardonne à cet évêque, à l'auteur de ma mort,
Pardonne enfin, pardonne au trop cruel Bedford!...
Je meurs; mais de ma mort, l'Angleterre exécrable
Portera, sur son front, la honte ineffaçable!...

> Jeanne s'agenouille avec l'aumônier, fait sa prière à
> voix basse, puis se relève et presse sur ses lèvres
> le crucifix que lui présente l'aumônier, et monte
> d'un pas ferme sur le bûcher; l'un des bour-
> reaux, qui monte avec elle, lui lie les mains der-
> rière le dos, et l'attache ensuite au poteau par le

> milieu du corps. Le peuple vivement impressionné verse des larmes; des soldats anglais pleurent également. Debout sur le bûcher, Jeanne a les yeux fixés sur l'image du Christ que l'aumônier tient élevée devant elle. Le bourreau descend et allume le bûcher, et Jeanne d'Arc, d'une voix forte et solennelle s'écrie :

O France bien-aimée! ô ma mère! ô mon roi!
Une minute encore et c'est fini de moi!...
Dans ce feu dévorant je vais perdre la vie.
O ciel! après ma mort protège ma patrie!...

> La flamme monte par degrés, l'atteint et l'enveloppe; au même instant, Isabelle, folle, éperdue, se précipite sur la scène suivie d'Isambard.

ISABELLE.

Ma fille!... mon enfant!... dans ce feu criminel!...

BEDFORD, *d'un air triomphant*.

Votre fille est brûlée!...

ISAMBARD, *élevant les mains*.

Et son âme est au ciel!

> Des décharges d'artillerie retentissent dans le lointain.

SCÈNE DIX-HUITIÈME.

LES MÊMES, *plus* LUXEMBOURG.

LUXEMBOURG, *l'épée en main, accourt à Bedford et lui montrant le cadavre de Jeanne*.

Malheureux! pour venger la mort de la guerrière,
La France, contre vous, va s'armer tout entière!
Les généraux français, et je suis avec eux,
Déciment votre armée et sont victorieux.
Déjà dix mille Anglais étendus sur la terre,
Ont payé de leur sang votre acte sanguinaire.

Votre tête est à prix !... deux cent mille écus d'or
Sont promis à celui qui livrera Bedford.

Les décharges d'artillerie continuent dans le lointain.

Vous êtes en horreur même à votre patrie,
Fuyez, Bedford, fuyez, tremblez pour votre vie !...

Bedford pâle, indécis, porte la main sur la garde de son épée et s'éloigne machinalement suivi de Stafford. En même temps, l'aumônier, Isambard et Isabelle s'agenouillent près du corps de Jeanne.

LUXEMBOURG, *à Cauchon.*

Et vous, évêque, et vous, aux yeux du monde entier
Vous voilà criminel, perfide et meurtrier !
Fuyez à votre tour, fuyez votre victime.
Fuir !... Non, non, l'univers est plein de votre crime
Et le ciel en frémit, et l'enfer en courroux,
Déjà, sur votre tête, a suspendu ses coups.

Cauchon pâlit, tremble, s'affaisse sur lui-même, et le rideau tombe.

FIN.

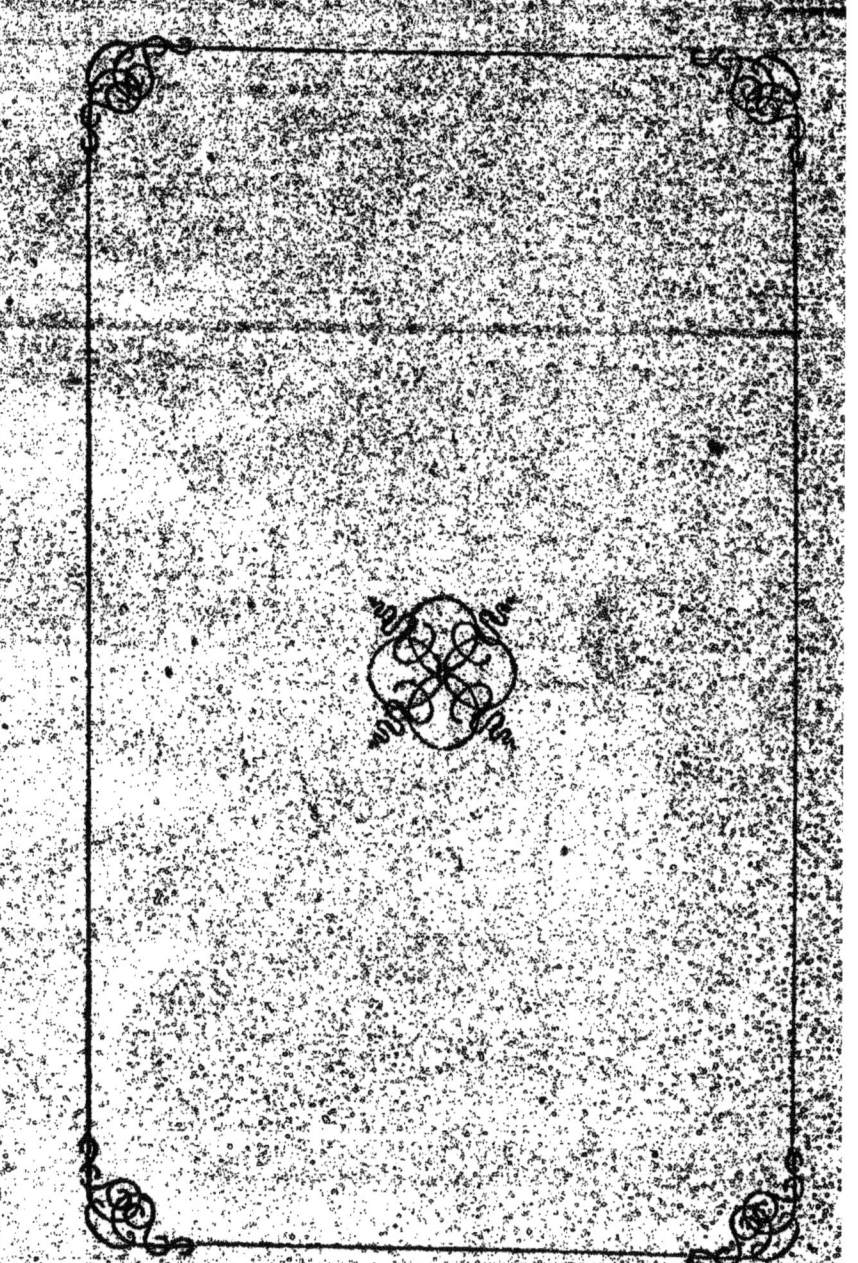